李贝林
郑子玉
编著
知名儿童教育作家
心理咨询师

养育男孩

好妈妈
不打不骂教孩子

BOY

CFP 中国电影出版社
2018 · 北京

图书在版编目（CIP）数据

养育男孩：好妈妈不打不骂教孩子 / 李贝林、郑子玉编著． —— 北京 ：中国电影出版社，2017.12

ISBN 978-7-106-04839-6

Ⅰ．①养… Ⅱ．①李… ②郑… Ⅲ．①男性－家庭教育 Ⅳ．① G782

中国版本图书馆 CIP 数据核字（2017）第 309139 号

策　　划： 刘爱国
责任编辑： 贾　茜
封面设计： 刘爱国
版式设计： 陈永超
责任校对： 杨志国
责任印刷： 庞敬峰

养育男孩：好妈妈不打不骂教孩子

李贝林　郑子玉 编著

出版发行： 中国电影出版社（北京北三环东路 22 号）　**邮编：** 100013
电　　话： 64296664（总编室）　64216278（发行部）
64296742（读者服务部）
E-maill:cfpygb@126.com
经　　销： 新华书店
印　　刷： 天津爱必喜印务有限公司
版　　次： 2018 年 3 月第 1 版　2018 年 3 月第 1 次印刷
规　　格： 开本 /710 × 1000 毫米　1/16
印张 /17　字数 /243 千字
印　　数： 1–8000 册

书　　号： ISBN 978-7-106-04839-6/G · 0839
定　　价： 35.00 元

前言
Preface

“你这孩子怎么这么不听话啊！”在很多男孩儿的世界里，往往都会有父母类似的声音在天空中盘旋。调皮的他们要么把父母的话当作耳旁风，要么撅起小嘴回忆起一件件父母让他们伤心的往事，然后甩上一句：“你们等着，等我长大了！”

哎呀，好一句“等我长大了！”一句话把父子情深、母子情深变成了反目成仇，这怎能不让做父母的伤心难过呢？这时候，有些父母会委屈地说：“我这不是为他好吗？”“不管他，顺着他，将来怎么能成才啊！”“从小把他抱大，如今气哼哼地让我们等着。等什么啊？我还指望什么啊！”究竟问题出在哪里，怎么好好的亲子关系会出现这么多问题？

仔细分析后，我们惊奇地发现，问题并不一定都出在孩子身上。作为父母的我们，在教育孩子的方式方法上也存在某些误区和问题。

想想吧，为什么自己又吼又叫的时候，男孩儿在一阵害怕以后，第二天还是会犯类似的错误？为什么儿子对自己的管教越来越不在乎？为什么自己说的话，孩子越来越不爱听？这一切都说明一个事实：“又吼又叫，教育不出优秀的男孩儿。不吼不叫，也未必教育不出优秀的男孩儿。”中国老人常说：“棍棒底下出孝子。”可事实未必真的是这样，孩子挨了打，意识中会觉得打人的人更强大，会在情绪上出现愤怒、忧郁、胆怯，会在接受这样的教育时，找不到逃避的出口。时间一长，心理上一定会出现问题。类似于怕生、自闭症的情况，就是在这样的家庭教育氛围下产生的。

回想孩子小的时候，爸爸妈妈是百分之百地呵护疼爱，可当他们走进幼儿园，乃至走进小学初中，情况怎么就突然发生改变了呢？一些男孩子因为成绩问题，就常常会遭到父母的吼叫教育，甚至身体上也出现一道道伤痕，这让他们幼小的心灵非常不适应，曾经慈眉善目、晚上给自己讲故事的爸爸妈妈，怎么现在成为这个样子了呢？

所以，为了能够给男孩儿一个更美好的未来，作为父母，我们首先要坚决摈弃“吼叫”“棍棒”教育，要平静内心，用真心与孩子交流，通过有效地沟通，让孩子自己意识到自身的问题，在温馨、安全的氛围下进行自我完善。不给孩子内心留下阴影，只有浓浓的关爱，让自己在孩子心中一直是亲切、温暖的形象，这对于亲子关系是非常重要的。

本书致力于完善父母与男孩儿之间的沟通交流，帮助为人父母的你，找到最佳的教育方法，力求在不打不骂的良好教育氛围中，培养出优秀的男孩儿。全书分为十五个章节，从家长的思想转变，到孩子的心理疏导，再到培养孩子的技能策略；从精神、思想、行为等方面，对孩子进行解读和引导，让父母与孩子共同成长、共同进步。

本书精选了很多家教经典案例，也收录了很多父母、老师的宝贵经验及处理孩子不同阶段问题的方法和策略，希望能够以更丰富详尽的内容，给予父母朋友们全面的帮助，让您家的孩子越来越听话，越来越聪明，越来越健康。希望这本书能够成为爸爸妈妈的心爱读本，成为孩子的教育福音。您的需求，就是我们不断努力追求的方向。

再次鸣谢所有为这本书的问世做出努力的人，谢谢！

作者致敬

目录
Contents

下篇 潜移默化——润物无声，用对引导男孩儿的方法

上篇

不打不骂
——和风细雨，优化与男孩儿的沟通方式

男孩儿犹如一粒活泼的种子，活跃好动、聪明搞怪，一不留神，就可能制造出一些不经意的混乱，面对这一切，如果做父母的没有充足的准备，很容易也跟着陷入多重的尴尬和困扰当中。但这里要说的是，面对男孩儿闯祸这件事，先别急着发怒，毕竟孩子都有着自己的性格，棍棒教育未必能够达到效果，反而会影响他们的性格。

屏住呼吸，三秒钟后，重新换个思路，抛开打骂的冲动，运用灵巧的方法，与孩子来一次真诚的沟通。要知道每一个男孩儿都有着他们的个性，打开他们的心扉，才能真正走进属于他们的世界。

第一章

走出误区：棍棒之下，是一颗逆反的心

“我不是你们的撒气筒！”“我也是血肉之躯，你们以大欺小！”“仗着你们是大人就能打人吗？”看着男孩子被打后痛苦而委屈的神情，作为家长的我们是不是也应该做一下反思呢？假如有一天，孩子因为过度挨打而认为暴力强势就能解决一切问题；假如他们日后用同样的方式对待别人，无形中模仿我们手拿棍棒的样子，那是一件多么可怕的事！更何况如此打骂的疼痛感，未必能够达到让他纠正错误的真正目的啊……

父母的“威信”不是教训出来的

男孩儿 1:“放学我们去游戏厅玩儿游戏吧。”

男孩儿 2：“你晚回家你爸妈不说你啊。”

男孩儿 1：“说，急了还打呢。”

男孩儿 2：“那你还去！不想活啦。”

男孩儿 1：“嗨，习惯了，不就嚷嚷那一会儿嘛，坚持一下就过去了，反正我在外面已经玩儿够了。就当是要付出的代价吧……”

听了学校两个男孩儿这样的对话，作为家长的你是不是要把鼻子气歪了？可细细想来，这难道不是自己的问题吗？以前总以为对于男孩子就是要严加管教，因此训斥他的时候异常严厉。看着自己脸一板，对方就害怕的神情，心里竟然有一种暗自的窃喜。有些时候和朋友聊起自己的儿子还会很骄傲地炫耀自己的管教经验，告诉对方：“我们家儿子怕我，我一生气，他立马老实。”看看这威信树立的，一切看似都那么的理所当然。可是时间长了以后，自己所认为的效果真的那么显著吗？

大多男孩生性大大咧咧，同时逆反心理也很强。经常的棍棒教育会让他们幼小的心灵受到伤害，更可怕的是那一次次的疼痛会在他们的心里潜伏下憎恨的种子。一旦这样的种子爆发起来，后果是非常危险的。

有一位老师曾经这样回忆：

一天，一位个子瘦小的同学带着哭腔找到我，说班里那个个子最高最强壮的男孩儿洋洋又欺负他了。于是我把洋洋叫到办公室，问他为什么欺负同学。

“我让他借我钢笔用一下，他就是不肯，还很不耐烦的样子，我当时很生气就打他了。每次我在家里有这样的反应时，爸爸就这么对待我，让我长记性，而我只能顺从他，不然还得挨打。所以面对他这么不耐烦地对我，我就打他，也让他长长记性，不能用这种态度对待我，否则下场会很难看……”

他的回答让我大吃一惊，立刻决定好好地找他的父母谈一次。

在教育这个问题上，孩子的认知能力是不能和大人画等号的，每当你用严厉的方法对待孩子的时候，大多数孩子首先会感觉害怕，但自己究竟错在哪儿了，或许自己根本就不知道。而这种因为害怕而顺从的方式，并不能达到真正的教育目的，反而可能引起孩子在思想和心理上的极端反应。时间一长，很多孩子甚至出现了对家长的打骂无所畏惧的表现，曾经就有一些男孩子这样无所谓地回答：“有什么了不得的，不就是一顿打吗？挨过去不就得了吗？他们除了会打会骂还会什么？”尽管听起来，作为父母很生气，但从另一个方面思考，或许孩子的话也正验证了我们在正确教育引导孩子方面的空白和无知。仔细想想一旦孩子对自己的打骂毫不畏惧，那么自己用这种方法在孩子面前树立的“威信”又有什么意义？

由此看来，教育男孩儿的方法不能用打骂等手段，应该是有策略有智慧的。下面就分享一个案例，看看聪明的家长是怎样引导教育孩子的。

一天儿子小明回家，放下书包就开始看电视，妈妈看到后就走过去问：“小明，作业完成了吗？”

小明：“没有，先看会儿电视，动画片要开始了，看完了再写。”

妈妈："那好啊！你看吧，妈妈陪着你看，妈妈不做饭了，等你看了电视，写完了作业再做饭。"于是妈妈放下围裙，也跟着儿子坐在了沙发上，一副若无其事的样子。

小明："啊？那，那我很饿啊，您怎么能不做饭呢？"

妈妈："哦，看来吃饭要比看动画片重要那么一点点哦。"

小明："哼！你成心整治我。"

妈妈："没有啊，我只是想，既然吃饭比看动画片重要，妈妈应该先去做饭。那么对作为学生的你来说，写作业是不是比看动画片重要呢？当下最重要的事情是不是先写作业呢？"妈妈笑着说。

小明听了低着头，还是一副很不情愿的样子。

看着儿子一脸不舍的神情，妈妈宽慰道："不就是动画片吗？又不是什么直播，小明先去写作业，把作业写好后好好吃饭，然后我们到电脑上去找重播，开开心心地看，不是两全其美吗？对了，写作业的时候一定要好好写，玩儿的时候，妈妈也一定让小明痛痛快快地玩儿，怎么样？"

"好吧！"听了妈妈的承诺，小明拿起了书包走进了房间，开始认真写起作业来。

在教育孩子这件事上，不管是用什么方法，最重要的事情是让孩子知道自己错在哪里。上面的例子中，小明的妈妈就很聪明，她既告诉了孩子，哪些事是最重要的，哪些事是次要的，同时也对孩子渴望看电视的心情表示理解，并做出了一个大家都能接受的解决方案，没有打没有骂，儿子便开开心心地去做功课了，这才是教育的艺术所在。

由此看来，要想得到孩子真心的尊重，打骂换来的"威信"一定是站不住脚的。真正的"威信"是要存留在孩子心里的，是要让孩子欣然接受的。所以，作为父母最有成就感的一件事就是有一天听儿子这样对身边的朋友说："我的爸爸妈妈，从来不打也不骂我，但是我很听话，他们都很喜欢我呢。"

身体屈服，不代表内心屈服

同学："亮亮，你这是怎么了？胳膊上青一块紫一块的。"

亮亮："被爸爸打的，妈妈还在一边帮腔。"

同学："怎么会这样？"

亮亮："别着急，我们迟早会长大，到时候一定要他们好看……"

看了这样的对话，作为家长的你会不会惊出一身冷汗。民间有句话说"棍棒底下出孝子"，可现在这句话还行得通吗？我们辛辛苦苦抚养他们长大，除了完成人生本能延续后代的使命，更多的还是一种渴望老有所依的观念。然而面对自己含辛茹苦养育的孩子，从小就有了这样的想法，作为大人，听起来怎能不痛心。

是啊，小时候你打骂孩子让他身心屈服，虽然是为了他好，但作为一个孩子可能并不能理解那么多，在他的潜意识里，你是在欺负人，在以大欺小。而当你打完他把他关进屋子反省的时候，作为一个孩子，他也不一定能够知道自己的错误在哪里，所反省的结果往往是："我太柔弱了，太小了，没有能力跟他们对抗，所以才会被打得这么惨。我一定要长大，等长大了，体格强壮结实了，他们就再也不敢欺负我了，到时候我一定要惩罚他们，他们让我多疼，我就要让他们多痛……"

当然你可以认为，孩子就是孩子，尤其是男孩儿，过了这个劲儿以后，痛快地玩一会儿，睡几个好觉就什么都不记得了。但你知道吗？在那张看似一切早已烟消云散的脸庞下面，曾经藏匿着怎样的恐惧，而这种恐惧在经历了几次同样的情况以后，会演变成暴力和憎恨的种子，甚至有些孩子还可能会发生心理畸形，对外面的世界也慢慢充满恐惧和敌意。

曾经有一位记者在采访少年犯的时候，遇见了这么一个小男孩儿，他一脸童真，但隐隐地充斥着恐惧和不信任。狱所警官告诉记者："这孩子很乖，平时也不爱说话，很容易受到惊吓，真不知道就是这么一个孩子，怎么能够下药把他爸爸毒死了。"

后来经过了解，记者知道，原来这个男孩儿的爸爸对男孩儿非常严厉，只要成绩出来没有让爸爸满意，就会给予一顿棍棒教育。有时候男孩儿想出去玩一会儿，如果被爸爸检查到作业没有写完，或者字迹不工整，爸爸上去就是俩耳刮子，或者是一顿吼叫的批评。

"我觉得我爸爸打人上了瘾，我越不吭声他打得就越重，直到我被迫喊道'爸爸我错了，我错了'他才罢手，有时候爸爸脸上还充斥着一种得意的神情。这样我特别难过，每次看到身上的伤我就会恨他，恨他给我的生活带来了这么多不幸。每次看着别的同学的爸爸妈妈都是那么和颜悦色，我就觉得我爸爸一点都不喜欢我。所以我决定惩罚他。我用零钱买了老鼠药，趁他不注意就放进了他的粥里。其实我也没想到他会死，只是想让他肚子疼，再也没有力气打我。结果他竟然死了。但是，阿姨你知道吗？虽然我爸爸死了，我进了监狱，但是我在这里好像解放了一样，因为再也没人会打我了，我很安全。"

看了这个例子，作为家长的你还认为吼叫打骂教育有理吗？其实，教育的方式有很多种，打和骂可以说是最极端愚蠢的教育模式。

一位当了妈妈的朋友曾经说：“从经历产痛的那一刻起，我就融进了作为妈妈的幸福里，当看到孩子漂亮的小脸，看着他一点点长大，自己怎么能够忍心用棍棒去威慑他、伤害他。所以每次他犯了错，我都会给他讲一个故事，故事的情节往往跟他犯的错有关，然后引导他去反思。其实人都是有反省能力的，时间长了，他自己就知道不能学“小白兔”晚上不好好睡觉，否则眼睛就会红红的。他自己就知道不要学“懒羊羊”那么懒惰，每天除了吃就是睡，一点都不爱学习。而我与儿子之间的关系一直拉得很近，这让我觉得，让孩子接受你的建议其实很简单。相比之下，打骂式教育真的是下下策。”

是啊，为人父母，看着孩子一天天长大，自己所付出的辛苦可想而知，但没必要因为渴望孩子优秀，而一定要成为孩子眼中的恐怖角色。孩子是敏感的，心理承受能力需要一点点地培养。这时候如果不注意培养他们乐观、阳光的心态，而是常常让他们深陷无限的恐惧与压抑之中，那么所影响的很可能是孩子的一辈子。所以，在这里，作为家长还是让我们对孩子微笑温柔起来吧，保持宽容理解，毕竟我们小时候也是犯过错的，而犯错以后谁也不愿意经历被打的痛苦，回头看看自己的儿子，他和你当时的心理是不是一样的呢？

兑现承诺，成为儿子信赖的好爸妈

儿子：“妈妈，我这次考试得了满分，你说过只要我得了满分，你就会带我去动物园玩儿的。”

妈妈：“可是家里有这么多的活儿要妈妈做，怎么办呢？要不你来帮妈妈，做完了咱们就去。”

儿子：“好吧！”

于是家里一个大身影、一个小身影忙活着。

儿子：“妈妈都干完了吧，咱们该走了吧。”

妈妈：“哎呀，你看都几点了，妈妈马上要做晚饭了，没时间去了。”

儿子：“你说好的，怎么能赖账。”

妈妈：“那怎么办？这么多事儿，我不做谁做啊？行了行了，以后再说吧。”

儿子：“呜呜呜，你骗人，你不是个好妈妈。我以后再也不相信你了。”

妈妈：“你怎么回事儿啊，我从早到晚地伺候你，你还说出这样的话，你好意思吗？别惹我急啊，急了谁都不好过。”

儿子：“哼！骗人的坏妈妈！”

妈妈：“还说，找揍吧你。”

儿子：“你等着，我以后考不及格回来给你，反正你就会骗人。”

妈妈：“你给谁学呢？哦，给我学呢？亏我还得天天赚钱供你学费，爱学不学。今天晚上你也别吃饭了，我没义务给你做。”

……

看了这样的对话，估计很多父母都会觉得似曾相识，说不定有些人会不好意思地说，这就好像是自己与孩子之间生活的一个小片段。面对上面的妈妈，很多家长可能会表示理解，每天工作压力很大，回来还有那么多的家务，尤其到了周末，忙碌了一周的身体真的很疲惫，意识里只有一个：“不想动，真的不想动啊。”

作为父母，我们可能总是希望孩子能够体谅一下自己的辛苦，或许有些家长还会说：“不就是一个动物园吗？都去过那么多次了，不去就不去了呗。”可是假如你放低姿态，想想孩子的感受，你可能就会理解了。

作为孩子，最渴望的事情就是让爸妈陪着自己一块玩，特别是经过自己的努力得到爸妈的奖励，而这个奖励往往又是父母许诺给孩子的。为了这份奖励，孩子可能非常用功，花费了不少精力。如果这个时候家长能兑现承诺，他会觉得自己的努力非常有意义。打个不太恰当的比方，就像我们为人父母上班领薪水一样。本来老板承诺如果绩效达到了一个什么样的水平，就会有一笔特殊津贴，结果我们拼了命地达到了那个水平，津贴的事却没有了下文，那时候心里也一定很失落，心想这样的老板真是不可靠，于是后面工作的激情一定大打折扣，即便是老板今后再有多少个承诺，自己也很难相信会兑现，全部都是对方开出的空头支票。

这么一想，事情是不是很容易想通了，我们常常会觉得：“啊！那不过是个孩子，孩子懂什么？过几天他就忘了。”可是你知道吗？此时的孩子正处在人生中的高模仿阶段，而且对善恶是非分辨得并不是很清楚。假如这个时候自己没有起到表率作用，必然会给他们的行为和思想意识发出错误的信号。比如：“我妈妈就从来说一套，做一套，所以我这么做应该也没有什么关系。”“我爸爸经常不兑现承诺，所以我也没必要兑现我的承诺……”时间一长，可想而知，当孩子一点点长大，在对待别人的时候，也会报以同样的行为和习惯。

还记得“曾子杀猪”的故事吗？希望这个故事能对为人父母的你有所启示：

古代有位著名的学者叫曾子。一天他的妻子上街，儿子哭着喊着要跟着去。于是妻子宽慰儿子说：“快回去吧，等我回来，杀猪给你炖肉吃。”于是孩子开开心心地回去了。

本以为没事儿了，妻子便上街去了。回来后却发现曾子正准备杀猪。妻子连忙劝阻说：“哄孩子怎么能当真，我是跟他开玩笑而已。”曾子听了说：“小孩是不可以哄他玩的。他并不懂事，所学的一切都是从父母那里来的，需要父母的教导。如果现在你欺骗他，就等于是教导小孩去哄骗他人。而且一旦你欺骗了他，作为父母以后让孩子怎么相信你，这不是用来教育孩子成为正人君子的办法。”说完，曾子就把猪杀了，给孩子炖肉吃。

读到这里，好爸妈们是不是也应该决定从今天开始为孩子树立榜样了呢？想赢得孩子的尊敬和信任，首先要反观自己，用心做一个勇于兑现承诺的好爸妈吧。

循循善诱的父母，胜过十个好老师

妈妈："森森，你在干什么？把屋子弄得那么乱，都可以当垃圾站了。"

森森："我在组织一场传球比赛。"

妈妈："传球比赛？你给我立刻住手，三十分钟以后，房间要没有恢复整齐，我要你好看。"

三十分钟后，森森依然在进行着自己的游戏。妈妈走上前一把扯过他手里的玩具摔在地上。

森森："你干什么？我又没招你。"森森委屈地说。

妈妈："我让你三十分钟内房间恢复整齐，你为什么不去做？还在玩儿。你看看你把这个家搞成什么样了？你以为这里是旅馆吗？你以为你是谁，有资格把这里祸害成这样，然后让别人跟在屁股后头给你收拾。我告诉你，今天你不把这里给我收拾干净，什么都别想做。"

森森："不做就不做，我什么都不做了。呜呜呜……"

森森一头栽进被窝，闷着被子哭起来。

妈妈："你给我起来。"妈妈生气地一把掀开被子："你还委屈了，你把这里搞成这样你还委屈了，你看着不乱吗？你是不是身上痒痒找揍啊？"

森森："吼吼吼，每次你除了吼你还会什么？我在你眼中简直是一无是处，那我就这样了，就这样了怎么了？"

"你……"妈妈气得一个耳光上去，森森立刻抱着脸颊痛哭起来。

有些时候作为大人，我们总是用自己的视角看待整个事情的经过，但是假如这个时候可以放低姿态站在孩子的角度想想，或许很多事情本就不应该搞得那么严重。仅仅是屋子乱了一点，孩子正玩儿在兴头上有所忽略，这本不是什么严重的事情却闹到大打出手的局面，这不得不引起我们作为家长在教育方面的反思。

孩子的天性是单纯的，爱玩儿是他的天性，有些时候他们活在自己的小世界里，并没有意识到事态的严重性。以上面的例子来说，当妈妈看到屋子一团凌乱很生气时，是不是可以控制住情绪，给自己三秒钟的深呼吸时间，然后淡定地走到孩子身边，以平和的心态来处理这件事情呢？让我们倒退到事情的开端，假如事情是这样发生的话，会不会妈妈和儿子两个人的内心都更容易彼此接受，不但不会吵闹，反而会碰撞出很多快乐的火花呢？

妈妈："森森你在干吗？"

森森："我在进行一场很棒的传球赛。"

妈妈："是吗？能告诉我屋子里发生了什么吗？看起来你的传球并不顺利，要不然这里不会一片狼藉。"

森森："红队要稍微差一些。"

妈妈："谁？谁是红队。"

森森："哎呀，我虚拟出来的。不要插话了。"

妈妈："不，妈妈看来应该要介入你这个很有意思的赛事了。"

森森："你也想玩儿吗？"

妈妈："我想玩儿一个更好玩儿的游戏。"

森森："什么？"

妈妈："嗯！你有没有想过一个优秀的传球手准备在他的家中接待朋友时，他的室内环境最好是什么样的？"

森森："……应该是很干净的。"

妈妈："那假如妈妈是你房间里的第一个客人，我伟大的传球手，你就准备这么接待你的客人吗？我现在都不知道我能坐在哪里。"

森森沉默地看着手里的球。

妈妈："所以，森森，想成为优秀的传球手并没错，但优秀传球手的家也应该是干净的对吗？所以，我们首先要玩儿下面这个游戏，一起来布置一个传球手式的完美房间。妈妈敢保证，我们的合作会非常默契，你的房间将会与众不同，怎么样？"

森森："哈哈，好吧，应该也挺有趣的。"

于是妈妈后面跟着森森，两个人一边打扫一边商议，传球应该放哪儿，哪儿摆上自己最帅气的照片，很快房间就变得干净整洁，令人眼前一亮。看着自己的佳作，森森和妈妈都有一种强烈的成就感。

妈妈："怎么样？儿子，以后传球手的房间就一直保持这个样子吧。"

森森："嗯，好，一定保持成这个样子。"

看了上面的冲突，再看看下面的欢笑，一念之间，不同的结局，而最初的主动权一直都在作为家长的妈妈手里。是啊，孩子还小，一举一动都在爸妈的眼皮子底下，对于教育这件事儿，作为父母还是有很大的主动权的。面对儿子的错误，先别急着生气，给自己几秒钟控制情绪，再花上一分钟构建教案，打定主意再采取行动，效果要比我们脑子一热就是一通吼叫来得好得多。毕竟我们都希望成为儿子眼中的好妈妈好爸爸，为此努力展现自己慈眉善目的一面是很重要的，时刻保持警醒，时刻保持淡定，时刻保持用智慧的头脑思考问题，时刻保持用平和的方式采取行动。没有争吵，没有不理解，没有哭泣，你与儿子之间的关系才会更和谐，才能从生活中捕捉到更多有趣的成分，这样不是很好吗？

孩子是面“镜子”，折射出父母的童年

爸爸：“你看看你，牙疼了吧？让你那么爱吃糖，现在疼吧，我看你还长不长记性。”

儿子：“哼，我听奶奶说，当初你有了零花钱老是偷买糖吃，结果牙补了好几次。”

爸爸：“哎，我说你呢，你怎么说我了？”

儿子：“事实证明是我跟你学的。”

爸爸：“那我的好你怎么不跟我学，我努力学习，每次都在班里排前五名，你看看你。”

儿子：“得了吧，我奶奶说你那个时候学习累了，经常抄作业，还有几次是剩下的作业是奶奶给你写的。”

听着儿子八卦自己儿时的事情，爸爸哭笑不得，只能沉默了下来。

每个人都会老，也都有小，现在为人父母的你，有没有在某一瞬间时光穿梭，如看到了自己的小时候。或许每每回忆的时候，对于当年的某些细节自己并不满意，例如贪玩儿，或者在没脸见家长的卷子上偷偷模仿着父母的笔迹签字骗老师。或者儿时的玩伴，明明没有的事儿，但当时你总觉得偷走自己铅笔的人就是他。哎，一切都已经过去了，如今自己已经为人父母，看着身边的儿子抱怨功课太多，班里的某某太霸道自己很想收拾他，等等，这些在他看来很重要而你觉得微不足道的事情时，也许在无意识之间看到了自己当年的影子。

是啊，自从家里有了这个调皮的小家伙，让你经常觉得自己在和过去的自己对话。尽管上学的时候，同学之间也会偶尔问出："假如有一天你有了自己的孩子，你会怎样对他？"但当时的回应在现在看来，想要落实真的很滑稽。那时候自己还小，没有什么实质上的经验。而当真有这么一个小生灵悄然地走入自己的世界，头一次当父母的你还是会因为没有过多经验而抓狂，那感觉就好比是刚刚入学的孩子，得从一加一等于二学起。

好吧，或许作为家长我们没有一个值得向儿子自我夸耀的少年时代。或许我们跟他们一样贪玩儿，爱说笑，打闹，搞一些恶作剧吓唬女同学，也曾经多次走进老师办公室，罚站，对着不及格的卷子发呆，慢吞吞地拿着老师的亲笔信在家门外徘徊，甚至害怕父母的那顿打骂落在自己身上。想到这些，回头看看自己的儿子，貌似也真的没有那么可气了，或许和当初的自己比起来，他现在的举动要比自己可爱得多。

这么转念一想，是啊，因为自己曾经小过，所以多多少少在记忆中还存留着那么一点点教育的经验。假如再将这些零散的记忆经验延展深刻，你就会发现，原来当年的自己也和现在的儿子一样，并不喜欢父母自以为是的样子。

曾经有个朋友回忆说："当年自己因为犯错误而挨揍以后，就发誓：以后自己长大有了孩子后，绝对不会对孩子动手，结果我还是动了；当年因为父母强迫自己学这学那，搞得自己身心疲惫，没有玩耍的时间，于是发誓：自己有了孩子后，绝对不强迫他去学习任何东西，一定给他一个快乐的童年，但是自己没有做到；当年父母经常在人前说自己的不是，把自己与别人家的孩子比较，搞得自己狼狈不堪，于是发誓：假如自己有了孩子，一定不会让他深陷到与别人比较的尴尬中，可当下自己却已违背了承诺……"当年，那么多的当年，为什么我们在为人父母以后，自己却一点点地成为自己孩提时代最讨厌的那个样子？正常的思维告诉我，只要当年自己是小孩儿的时候不喜欢的，自己的儿子百分之八十也不会喜欢，但是我们为什么还是一味地强制孩子去接受呢？

这时候很多父母会说："因为我们长大啦！被现实碰得头破血流啦！书到用时方恨少啦！那时候就后悔自己当时没有听父母的话，要不然现在的自己会更优秀。"这话也不错，但是你有没有想过，如果自己还是当年的孩子，父母怎么教育，自己会更欣然接受呢？是棍棒吗？是吼叫吗？是无休止的挖苦、比较和讽刺吗？当然不是。由此可见，我们一路走来由小变大，由少年变成成年人的经验，并不能成为我们采取错误教育的理由。相反，正因为我们曾经走过，才更应该不断总结，掌握一门更容易让孩子接受的教育方法。

所以，冷静下来，在进行教育行为之前，先问自己一个问题，如果以我现在的教育模式，曾经的那个自己会接受吗？如果你的答案是肯定的，那么证明你已经做好了充分的准备，已经让现在的自己和曾经的自己在心中达成了共识。

时代是不断发展的，教育思路也在时代的发展中不断演变，它必然是更加科学化，更加理性化，一定是曾经走过的人经过不断总结而凝炼出的精华，不然我们怎会有把握让新一代孩子的未来比我们更幸福更强大呢？看看膝下的儿子，冥冥中的缘分，他来到你的身边，圆满了你的人生，成为曾经的你与现在的你的完美对接，而作为父母的你是不是应该拿出勇气对他说："儿子，你就是爸爸妈妈曾经的自己，为了你的幸福，我们愿意做出改变。"

掌握让儿子“不令而行”的智慧

孩子不听话怎么办？这是摆在所有家长面前的难题。而家有男孩儿的父母更是为这个问题而苦恼。或许因为男孩子天生的叛逆，有些时候为人父母的你会感觉，他们似乎觉得跟家长对着干是乐趣。甚至有一些家长反映，在学校几个男孩儿坐在一起，还会把这件事当成是一种引以为豪的做法在彼此之间炫耀，宛如自己已经因此而成为英雄一般。

这样的事情确实不假，曾经就在路上看到两个年龄相仿的男孩子，一边拿着冰棍一边在街上走，他们交流的话题是这样的。

同学：“毛毛，你怕你爸妈吗？”

毛毛：“我才不怕呢！他们都是纸老虎，没什么好怕的。”

同学：“那你会跟你爸妈对着干吗？”

毛毛：“当然了，他们管不了我，我想干嘛就干嘛。”

同学：“那他们不让你干怎么办？”

毛毛：“你真笨，偷偷干呗，他们还能老在你身边晃悠啊？”

……

听了这样的对话，心里莫名地为这孩子的父母感到悲哀。或许他们并不知道，在自己的孩子面前，他们的教育是那么的软弱无力，完全没有把握作为家长的教育主动权，长此以往，后果是相当可怕的。

相反，在有些家庭里，孩子活得既听话又开心。每当有客人到他们家做客的时候，都能感觉到这个孩子很有涵养，知书达理，对父母也很尊敬。这是怎么做到的呢？

曾经有一位成功人士回忆自己的小时候说："那时候感觉家庭氛围是非常祥和的，爸妈总是会用一些故事启迪我，告诉我很多做人的道理。他们告诉我：'书是一个人一生中最忠实的老师，只要你翻开它，它就不会离弃你，而是把全部的知识都贡献给你。所以喜欢读书的人从不寂寞。'而这句话让我记了一辈子。除了读书以外，有时候感觉他们就像个经营我明天的总裁，一旦我有哪一点做得不好他们就会说：'明天的你可能会在一个很大的排场里独当一面，可这个时候自己却因为这个坏习惯而颜面尽失，这怎么可以啊。你现在不努力改怎么对得起你未来的自己啊！'而这样的话我也记了一辈子。每当在他们面前犯错误时，他们没有太多的责备，有的只是领着我下意识地穿越时空，去会面那个未来的自己，而这时的我总是身心一震，发誓一定要提前去除这些问题，让自己的未来不因此而深受其苦……"

听了这一席话，可以说感慨良多，想让孩子"不令而行"的方法很多，但关键是你要不要从现在开始改变自己，同时在进行这个蜕变以后，以更完美的姿态，引导和改变家中那个调皮捣蛋的儿子。显然，这位成功人士的父母是充满智慧的，他们引导着孩子的未来，让孩子始终秉持信念，未来的自己一定是一个了不起的人，所以为了未来的自己，一定要更优秀。所以面对眼前的错误和坏习惯，他既不会辩解，也不会生气，而是耐下心来，为未来的自己改掉现在的毛病，这是一个多么完美的教学逻辑。

那么生活中作为家长的你又是怎么做的呢？如果你认为方法还不够用的话，看看下面的建议，希望能够对家有男孩儿的你，提供更多的教育参考：

1. 主动示弱

男孩儿天生有一种英雄主义情节，而这对于他的人生是非常有价值的。作为父母，我们可以妥善地利用这种价值，让孩子既充满自信，又不知不觉接受引导。

示弱是一种富有柔性色彩的引导方式。我们要暗示给孩子的是，爸爸妈妈不是全能冠军，也有需要帮助的时候，而这个时候的儿子是最聪明最富有能力的，可以帮助爸爸妈妈解决很多的问题。这么一来，孩子就在心中有了一种被需要的存在感，明明不想做的事情，现在在他的心中变得很重要。当他自信满满地说："爸爸妈妈都不行，就我行"的时候，我们接收到的信息就已经是儿子的自我调整，步入我们引向的正轨了。

2. 讲故事说道理

这个世界没有一个孩子是不喜欢故事的，作为爸妈，教育孩子最好的方式就是成为故事大王。我们可以和孩子一起阅读，或是自己针对儿子的问题编出有针对性的故事，然后适时地提问。比如："作为男孩子是不是要像狮子国王一样大度宽容，有责任感啊？""你要像那个赛跑路上睡觉的兔子一样，一时偷懒抱憾终生吗？"等等。尽管有的时候男孩子对父母直接的管教置若罔闻，但是如果用故事教育他，大多数的孩子都能坦然接受。

3. 和孩子一起畅想未来

每个孩子在幼小的时候都有自己的梦想，作为父母可以有效利用这个梦想让孩子变得更加完美。例如："我知道我的儿子未来说不定是个音乐家，但是音乐家是很有风度的，怎能随便骂人？再说，你看哪个音乐家会像现在的你一样，把身上搞得脏兮兮的？""你要当体育健将很好啊，可是你怎么能快到九点了都不想起床呢？"坚持一段时间后，相信男孩子会接受引导，努力转变的。

第二章

走入内心：多听多看，融入男孩儿的内心世界

不知什么时候，孩子与自己之间隔了一道门，每天回家就悄悄地躲进房间，彼此之间的交流越来越少。每当我们问他在干什么，他往往会不耐烦地应付一声：“说了你也不感兴趣。”这时候，站在一旁的家长是多么尴尬。是啊！我们为什么要对儿子的无数奇怪的问题敷衍了事呢？所以，是时候转变了，我拉过凳子坐在孩子身边，亲切地告诉他：“儿子，我想听，我真的对你的世界很感兴趣。”

谁说男孩儿没心事？他的心思知多少

很多时候我们误认为心事儿这样的事情是女孩子的专利，男孩子大大咧咧一般心里都不会存什么东西。但事实真的是这样吗？事实证明，很多男孩子，到了一定的年龄就会莫名地拥有很多心事、秘密和烦恼，如果这个时候家长没有意识到，那只能证明你太粗心了，至少不是一个细心的爸妈。

“小小少年，很少烦恼，眼望四周阳光照……一年一年时间飞跑，小小少年在长高。随着年岁由小变大，他的烦恼增加了。”这是我们小时候的一首最富哲理的歌，歌中的少年从简单快乐，一点一点地进入了烦恼的世界，尽管在大人眼中，这些烦恼可能算不了什么，但对于他们而言却是一种自我困扰，倘若这个时候不能有效地解开，那么这些困扰很可能就会成为一个一个的包袱，压在孩子的身上，困扰他们很长时间。当然也可能是一辈子。

很多家长认为，心事儿应该跟男孩子无关，他们生性好动、阳光，天真无邪。大大咧咧的性格应该会帮助他们更好地疏散烦恼。可终于有一天，我们听到了他的声音：“有心事又不是女孩儿的专利，谁说男孩儿没心事？男孩儿的心思你们知道吗？”面对这一连串的问题，很多家长可能一下被震住了，说实话，如果碰见这样的事儿，一点儿心理准备都没有的话，还真不知道怎么回答，心里只能一遍一遍地回答，“我的儿子竟然有心事了，那怎么办呢？”

其实，男孩儿有心事是一件很正常的事情，个子一天天长高，在成长的过程中，会从家里到幼儿园，再到学校，接触的人和环境不同了，想法也会发生改变，这个时候摆在他们面前的问题和选择会越来越多，而这一切都很有可能成为他们想不通的烦恼和心事。尽管在我们看来这些心事仍然很单纯，但如果不能巧妙地介入引导，就会成为他们的负担，尚且稚嫩的他们，有时还真的不知道怎么处理。

光光的妈妈最近发现儿子总是怪怪的，放学回来总是垂头丧气的，一脸不高兴的样子。这现象让妈妈很奇怪，儿子以前总是开开心心、活蹦乱跳的，怎么最近就变成这个样子了呢？

于是，一天吃过晚饭，借着光光在沙发上看电视的时间，妈妈借机问道：“光光最近和同学相处得怎么样啊，在学校还适应吗？老师最近有没有表扬你啊？”

光光：“还好吧！”

妈妈：“那你为什么不开心？心事重重的？”

光光：“说了你也不懂。”

妈妈：“谁说不懂啦，妈妈又不是没从你这个年纪过来过，告诉妈妈，说不定还能帮你想出解决问题的好主意呢！”

光光：“真的？”

妈妈：“当然啦！不信你告诉我啊。”

光光想了想，说：“我告诉你，你可别告诉别人。”

妈妈：“放心吧，我一定做好保密工作。”

光光：“你还记得冰冰吗？”

妈妈：“知道啊，不是你的好朋友吗？”

光光：“他马上要转学了，他们全家可能都会搬到另外一个城市，到时候想见面都难了。听说最近他的家人正在办理转学手续，我马上就要失去好朋友了。他说他会给我写信，我才不信呢，很多好朋友都是因为不在一起，感情就淡了，甚至一辈子都见不到了。更令我生气的是，他一点都不难过，反而很兴奋，他说他早就不想在这个学校待了，一点都没有在意我的感受，竟然无视我存在，亏我还对他这么好。一句安慰的话都没有。哼！”

听了光光的话，妈妈笑着说：“这事儿很好理解，每个人的一生中都会有很多朋友，老朋友走了，还会有很多新朋友陪伴你。再说作为好朋友，你不是也希望他快乐吗？或许到另外一个城市他会更快乐呢？况且你们可以经常打电话啊，放假以后说不定还可以到另外一个地方跟他玩儿呢。妈妈听说，你现在不是和特特也很好吗？我儿子这社交能力，身边还能没有好朋友啦？”

“可是……”

“光光啊，人这辈子有些时候就得面对现实，有的朋友只能陪你走一段路，之后你再也找不到他了，但这个时候老天爷说不定又把一个更好的朋友带到你面前，而你和他又会在一起走一段很长的路。所以交朋友这件事，只要无愧于心，珍惜与对方一同走过的每一天就好了，除此之外不要奢求什么，友谊之路反而会更长远。随着你年龄越大，就越会感觉到这一点。”

光光点点头问道：“那妈妈，你也是这样吗？”

妈妈：“是啊，这就是妈妈用自己的人生经历总结出来的。”

光光：“好吧，该放手的时候，就放手吧……”

光光的妈妈是智慧的，在关键的时候帮助儿子解开了心结。不要说孩子的心事不是事，孩子的心事很简单。一个简单的事情，也可以有多种多样复杂的表现，假如这个时候将人生的真理渗透其中，或许你说的每一句话，儿子都会记在心里。这将成为他一辈子的启迪，每到想不通的时候，就会自动翻出来劝勉自己，这是一笔宝贵的财富，可以受用一生，一字一句都是为人父母的你，留给儿子的至理名言。

困惑啊，怎么我的孩子跟我没话了

不知道作为家长的你，有没有这样的感觉，当孩子一天天长高，对自己说的话却一天天减少了。每每问到最近在学校过得怎么样的时候，他也是应付了事："没事儿啊，挺好的。"让你根本没有机会继续问下去。而那个简单的回答也让为人父母的你，越听心里越不是滋味。怎么自己辛辛苦苦养大的儿子，到头来跟自己都没话说了呢？

面对这个困扰，很多父母都摸不着头脑。曾经有一个家长说："开始我还以为是儿子在学校受了气，或心理上出现了问题。可事情并不是这样，有一次路过他们学校刚好赶上放学，我看到他和同学有说有笑地从校门口出来，看起来非常正常。可回家以后就是没什么话说，自己一个人闷在屋里。你问他什么，他就敷衍你，一个'哦'一个'没事儿'的，总之词儿就那么几个，其他的什么也没有了。那时候我心里可不舒服了，有时候都想发脾气，心想我把你养那么大，你这是用不言不语的冷暴力来惩罚我吗？后来我了解到，不光是我儿子，好多他的同学父母反映，他们家的孩子跟我儿子一个样。这到底怎么回事呢？怎么就跟家长没的聊了呢……"

针对这件事儿，一些相关的心理研究机构还真的进行过一些调查。其结果是，很多孩子认为家长的价值观过于陈旧，自己接收的新鲜事物他们都不懂，所以没必要费那个口舌。或者觉得父母的想法很单一，只是关注自己的学习成绩，聊着聊着还是往学习上引，让自己觉得很无聊，没有心情再聊下去。还有一些孩子觉得，父母就是很无趣的人，每天就知道柴米油盐、吃喝拉撒，除此之外什么都不关心，你说什么他们也不会在意，有时候还会打岔让自己去帮他们做家务，所以沟通存在困难，与其白费口舌，还不如不沟通……

看了来自孩子的反馈，作为家长的自己有没有跟着对号入座呢？与其忙着难过，不如花时间反思一下，自己是不是在孩子眼里思维老化，只抓成绩，生活无趣的那一类父母呢？如果是，那问题的关键并不在孩子，而是在于我们自己。之所以走不进孩子的世界，主要原因在于我们把自己的生活过得越来越无趣，以至于让孩子为了躲避这种无趣，而在我们面前变得沉默寡言。

其实，作为家长本应该成为家中男孩儿最好的倾听者，尤其是家中的爸爸，更应该成为儿子的良师益友，他应该是一个非常有情趣的人，在生活中富有幽默感，既可以在孩子面前成为一个快乐的“大男孩儿”，又可以在需要的时候严肃起来，以老到的姿态给儿子的困惑出谋划策。只可惜很多父亲在这件事情上做得差强人意。以至于很多孩子在潜意识里只有他们威严的形象，这种形象只会让他们恐惧，却无法让他们感受到可以敞开心扉的慈爱。

那有什么办法能够扭转僵局，找回那个喜欢和自己聊天说笑的儿子呢？恐怕首先要从转变自己开始。下面就提出一些建议，有心的爸爸妈妈不妨试试效果。

1. 一起去做孩子喜欢的事

如今社会竞争越来越激烈，很多父母在工作上都很劳累，回家的时候已经精疲力竭，以至于忽略了一直等待父母回家分享快乐的孩子的感受。其实孩子起初是有很多喜欢做的事情需要父母参与的，小到一起去拼一个世界地图，大到傍晚到邻近公园的小河边摸虾米，或者是一起去游泳馆游泳，到楼下的空地上扔飞盘。但这个时候的父母可能真地提不起精神，只想窝在沙发里看电视。

对待这样的问题，处理方法很简单：为了自己与儿子之间的亲子关系，想法儿灵活分配好自己的时间，不要让儿子有被忽视的感觉。比如每天花半个小时和儿子看会儿书或玩儿一个简单的游戏，然后周末一家人到户外郊游放松心情。虽然每天只有短短的半小时，但这对于维系自己与儿子之间的关系来说是至关重要的。

2. 定期花时间跟孩子讨论他感兴趣的话题

到了家就不要再想着工作了，这个时候你已经休息了，应该把更多的精力集中在家庭上，尤其是自己疼爱的儿子身上。或许最近他学到了很多的知识，看了很多的故事，或者学校里发生了很多趣闻，他真的希望有人听他讲讲，如果这个时候你对他的倾诉欲望置若罔闻，那以后他就真的不愿意说了。

其实和儿子聊天很简单，不要限定范围，让他尽情地诉说自己感兴趣的话题，尽情表现自己本有的单纯情感，而你只需要坐在一边表现出很感兴趣的样子，这对于孩子而言是一个莫大的鼓励，不管你怎么想，他都会把你当知音。

3. 让孩子感觉到父母对生活的爱

生活对每个人来说都是差不多的，每天日出而作，日落而息。但有智慧的家长总是可以把生活调配得充满色彩。在桌子上放上一个漂亮的花瓶，给儿子做一餐有可爱图案的饭菜，和儿子一起用喷漆的方式设计一件超级酷的文化衫。或者有时间一起去组装微型赛车，划着旱冰在公园里边走边看，在美工坊做个陶器。那种生活难道不是很棒吗？

无趣是一天，有声有色的生活也是一天，这本该是我们让孩子从我们身上学到的，为了孩子的快乐童年，也为了让自己的生活丰富多彩，立志去做一个有趣的父母吧，这样孩子也会在同学们面前自豪地说："我的爸爸妈妈不一样，他们是我眼中最有趣的父母。"

一旦儿子张口，就别轻易打断他的话

儿子：“妈妈你知道吗？今天我们学校来了一个特别有意思的外教。”

妈妈：“是吗？今天回家的作业多不多？”

儿子：“还行吧，我在学校就做了一大批了。妈妈你知道我同学晨晨怎么评论外教吗？他说的话太有意思了。”

妈妈：“是吗？回去做完作业以后，妈妈希望你能够把自己昨天洗澡脱下来的内衣自己洗了，你长大了，不应该什么事情都依靠妈妈。”

儿子：“我知道，妈妈，晨晨跟老外拽外语，结果特别有意思，老外说……”

妈妈：“老外说什么我不管，瑞瑞，今天得批评你了，早晨你知道妈妈花了多长时间才把你屋子收拾干净吗？”

儿子：“妈妈你到底在没在听我说话啊？”

妈妈：“嗯，好了好了，妈妈知道了，不就是班里来了个外教吗？瞧把你兴奋的，今天晚饭想吃什么？”

儿子：“哼！你根本就没听，我不想吃饭了。”

妈妈：“哎呀，怎么跟妈妈说话呢？你知道今天妈妈在家花了多长时间帮你收拾屋子吗？你现在还这么对我！有没有良心啊？”

……

回想一下我们自己，如果身边有这样一个朋友，明明你跟他说天气很好适合出去郊游，他却跟你抱怨自己工作总不顺心；明明你想告诉他某某饭店的汤很好喝，他却打断你说，今晚有他最喜欢的球队比赛；明明你跟他说旅游季想去某个国家看风景，他却跟你说电视新闻说房子要涨价。作为一次次被无视的你，心里是不是也窝了一股火，并在心底决定对这个朋友敬而远之呢？原因很简单，因为他不尊重你。对你所说的内容一点都不感兴趣。他的心里只有他自己，只思考他自己的事情，丝毫没有顾及到你的感情。

现在回头看看，你是不是采取了同样的方式呢？在孩子向你表达思想的时候，你一次一次地打断他，只顾着表达自己要说的事情，作为孩子心里就不会难过吗？答案当然是肯定的。既然如此，我们又为什么以自己都接受不了的沟通方式来对待自己的孩子呢？假如他们在我们身上也学到了这种沟通方式的话，那对于他们未来的人际交往将是一种多么严重的障碍。要知道，父母是孩子生命中的第一位老师，孩子在成长的初期就是首先通过模仿父母开始学习和认识这个世界的，如果这个时候你做得不好，而且对他讲述的内容总是表现得漫不经心，时间长了对他的影响将会非常可怕。

因此聪明的父母，从来不做打断孩子思路的傻事儿，他们会给孩子机会自由地表达自己的想法和感受，并对他所描述的一切表现出专注尊重的神情。聪明的爸爸妈妈还会适当地插上一句：“我在听！继续说。”“听起来很有意思，那么后来发生了什么？”这个时候，一种被尊重的感觉让孩子们的内心得到极大的满足。如果孩子发表完了自己的演说后，爸爸妈妈再适时地进行一下点评，例如：“娇娇确实在这件事情上处理得不太好，如果换做我的儿子会怎么处理呢？”“其实我觉得假如你想真正在这个领域里突飞猛进，首先应该注意先把这几件事落实了……”“如果你想跟这位老朋友改善关系的话，我建议还是用这样的方法最有效果……”那孩子们就更高兴了。

这样一来，孩子会更愿意与父母交流，因为他不但得到了尊重还从爸爸妈妈那里学到了很多东西。整个的沟通是那么的自然、愉快，谁愿意放弃这样舒服的沟通氛围呢？

有关专家指出："孩子虽然小，但他能够感知到被尊重时的喜悦。尽管作为家长，很多时候我们对孩子讲的那点事儿并不感兴趣，而相比之下自己想要说的事情要比孩子的重要得多。但这个时候千万不要打断孩子的思路，要把孩子看成是家中的一个重要成员，无论是对是错，要给他说话的权利。这样我们才有途径知道他究竟在想些什么，应该怎么去引导他。如果我们总是打断孩子说话，孩子最终绝望了，闭嘴了，什么都不说了，那时候你自己反过来着急就太迟了，因为你已经在不知不觉中把孩子的话匣子给关上了，想修复其原有的功能是非常困难的。"

其实，每一个孩子的心起初都是向父母敞开的，只不过是我们从来没意识到，最终自己把这扇心门一点点地给关上了。如果这时候你膝下的儿子还能有时候跟你喋喋不休地叨叨半个多小时，那么不要烦恼，这真的是一种福气，证明你与他之间还没有那么多的隔阂和距离，维系起来还不算难。适时地在他说话的时候关切地问声："是吗？然后呢？"再下意识地摸摸他的小脑袋，良好的沟通关系就从现在开始进入恒久的愉悦状态吧！

拉钩：儿子，我一定会为你保守秘密

“你看看你屋子弄得那么乱，你看看隔壁家的欣欣屋子从来都是干干净净的，就你这样还能有什么出息。”妈妈一边打扫卫生一边数落着儿子代代。

代代：“我这不是忙着呢吗？你又让我写作业，又让我收拾屋子，一会儿又说让我去晾衣服，我又没有三头六臂，你到底要让我干什么啊。”

妈妈：“你还顶嘴，上次老师就跟我说了，你这孩子说话冠冕堂皇，自己根本不努力。期中考试怎么样，掉下来好几名。上次若若来家里玩儿，你根本就不知道怎么招待客人，结果弄得那么尴尬，你让我说你什么好……还有……”

代代：“哎呀你烦不烦啊，扯那么远干吗？”

妈妈：“怎么啦，害怕人说啊！怕人说就改啊！还不让人说了。就你这样还想当作家，当个屁啊。”

一听这话，代代站在那里半天没说话，眼眶里充满了愤怒的泪水。

代代：“你以前跟我聊天的时候说过，会尊重我的理想，并帮助我保守秘密。可是你现在做了什么？你不但没有帮我保守秘密，还拿我的秘密来讽刺我、奚落我，你真是一个不守信用的妈妈，以后我什么都不会跟你说了！”说完话，代代哭着冲进房间半天都没有出来。

都说女孩儿的心思是细腻的，事实上男孩儿的内心也有自己最敏感的地方。

越是男孩儿越是本能地渴望尊重，本能地渴望真诚。而作为父母，或许一开始我们在平静状态下与儿子沟通的时候都非常好，教育工作把握得也很到位。可之后，一旦孩子出现了一些错误时，自己就难以把控好情绪，便会让一腔怒火喷涌而出，不计后果，什么承诺、秘密早就一股脑地抛在脑后，这对于孩子的心灵是一种极大的伤害。在孩子看来，爸爸妈妈从此就成为了一个靠不住的秘密探听者，一旦告诉他们自己的想法，总有一天会被他们拿去暴露在炎炎烈日之下，没有一点尊严可言。他们是不守信用的，是让自己最不放心的，所以自己的事情什么都不能轻易地告诉他们，否则未来自己会面对很多尴尬的情况，饱受痛苦煎熬。

假如有一天，孩子对你的认知发生这样的改变，而你却全然不知，还在纳闷孩子为什么很少跟自己说话；假如你这个时候，为了探寻为什么，堂而皇之地去打开孩子的日记本；假如你有一天又生气了，把自己从日记里看到的东西对着孩子大发评论。那么这种恶性循环起来的效应，将使你在孩子心中的地位大打折扣，他们会觉得自己在这个家没有一点尊严，就连自己渴望守住的小秘密，随时都可能成为父母公开讨论的话题。这种情况让孩子感觉很可怕。

其实，孩子有这样的想法是值得理解的。在我们成年人的世界里，我们也经常会遇到类似的问题。比如工作中，谁都讨厌那个在你面前百般和气，信誓旦旦地装出一副值得信任的模样，但只要探听到你的隐私就四处散布的人。假如自己是那个受害者，不但心里会有一种被欺骗感，那一系列尴尬衍生出来的自尊伤害，是无法用语言形容的。回味这样的经历，作为成人的你心里会不会也很痛？也很愤怒？也很后悔？后悔当初为什么那么信任对方，以至于酿成今天的大错。

同样的逻辑，对于一个孩子来说，虽然他们的思想没有那么复杂，他们的所谓小秘密对大人来说微不足道，但是如果没有得到父母的尊重，也必然会对他的心灵带来不小的伤害。

曾经就有一个孩子失落地说："爸爸妈妈都是不值得信赖的，这个世界上还有谁值得交心，我现在唯一信任的就是我自己，有时候觉得这个世界上的所有人都是会骗人的，把自己暴露给别人很危险，说不定什么时候他们就会拿你的秘密开涮，那时候你会很被动，就好像一头没有防御能力的羊羔，只能承受被宰杀的命运。所以我再也不想把我自己的事情告诉任何人了。可是，我那么多的困惑怎么办啊？没办法，不能说，只能埋藏在心里。可是，那些痛苦把我折磨得好累啊！"

听了这样的话，作为家长会不会心里也升起了一阵酸楚呢？假如我们都不再是孩子信赖的人，那他又能找谁倾诉呢？这个世界上还有比父母更爱孩子的吗？所以，不管遇到什么事情，不管孩子再怎么让你生气，首先要做的就是控制好自己的情绪，就事论事要比反复揭短好，耐心引导要比暴露秘密好。回想自己成人世界里不愿意看到的人和事，再看看在自己身旁对这个世界一知半解的孩子。是啊，家中的这个男孩儿还是个孩子，怎能将自己不愿意承受的一切转嫁到他的头上，他怎么承担得起？假如你真的认为自己是他幼小心灵的呵护者，拜托，提高警惕，不要在无意中就成为了他们无法信任的对象。

所以，带着微笑和儿子拉拉钩吧，告诉他："宝贝，不管什么时候，爸妈都会是你秘密的守护者，永恒不变。"

做儿子最可信的倾诉对象

一次出门见了个朋友，聊起孩子的时候，她感慨良多："如今的孩子真的不容易，学校就好像个小社会，我家儿子上学以后，话越来越少了。真让人着急。"于是问她有没有跟儿子针对这个问题好好谈谈，她笑了笑说，聊过。她还把与孩子的对话复述了下来，听完以后忽然发现，原来在孩子的世界里，真的需要一个靠谱的知心人。

妈妈："小林，最近和班里的同学相处得怎么样啊？"

小林："嗨，装装样子吧。我才不会把自己心里的事儿告诉他们呢！"

妈妈："为什么呀，他们不都是你的好同学吗？"

小林："好同学？哼！他们都是装出来的。前几天我亲眼看见邻桌的小胖跟一个同学说了一个自己的小秘密，第二天那同学就拿来当众取笑他。搞得他一脸难堪。这还不算最严重的，还有一些拍马屁的破孩子，哪怕就是你不经意间说错了什么被他们听到了，立刻偷偷向老师汇报。明明是小事，一下子被搞得那么严重，万一哪天老师想起来，跟全班同学点名批评，那脸往哪儿放啊。所以他们都不值得交心。"

妈妈："那你有心里话跟谁说啊？总不能自己堵在心里啊。"

小林："还能怎么办？跟自己说呗。虽然很多事情我都不知道怎么办，但总比让别人知道了再用它来整治我强多了。妈妈你知道吗？现在班级里的事儿也越来越复杂了，就像你说的，跟个小社会一样，我不喜欢啊！哎，可惜我就得在里面待着怎么办呢？"

听着孩子滔滔不绝的抱怨，作为家长怎能不担心呢？不容置疑，孩子到了一定的年龄段，处理事情的能力和意识还不成熟，但已经在大人身上学到了很多东西，其中既有精华又存在糟粕。这种表现在家并不明显，而到了学校就是另外一个小天地，彼此之间产生过结和不信任的事情时有发生。其实，如果这个时候家长能够以倾听者的身份介入他们的思维判断世界，就可以在关键时刻扭转他们意识中的困惑和行为上的误区，不至于因为长时间找不到倾诉的对象而把所有问题积攒在心里，最终导致心里承载不了那么重的负担而出现心理疾病。

或许这个时候有的家长会说："可我怎么介入啊，他回来什么都不说，跟我的沟通也很少，主动问他还嫌烦，我到底该怎么办啊？"听着这样的困惑，首先只能说您与孩子之间已经产生了一定的距离，而想缩短的话，就要采取一定的方法加以改善了。那么我们应该怎么成为孩子的知心人呢？看看下面的方法，希望对大家有所帮助。

1. 一边郊游，一边聊天

假如整天闷在家里，气氛肯定让人郁闷，尤其是孩子在学校遇到一些困惑的时候，出于防备，肯定不会主动告诉家长。这时候作为父母，我们应该先让孩子的心情放松下来，找个周末，一边带着儿子郊游，一边下意识地以聊天的方式跟他交流感情。聊天中爸妈可以先说一些小事，然后慢慢地转移到最关键的地方。一旦儿子打开话匣子就不要打断他，让他尽情地倾诉自己的感情。等他说完，自己就可以以过来人的身份和他一起分析，最终凭借自己的经验一点点引着他解开心结。当儿子觉得这样的聊天很棒、很轻松的时候，爸妈就不要再含蓄，而是用真诚鼓励他把自己看成一个靠谱的可倾诉者，要给他暗示和力量，让他在意识中相信，他的爸妈很聪明，总有很多好点子帮他渡过难关。

2. 不要当着儿子面给老师打电话

不可否认家长和老师在教育这个问题上是需要相互配合的，但是儿子出现一些问题的时候，即便是想和老师沟通，听听对方的意见，也最好不要让儿子知道。毕竟孩子还小，心里还是有抵触情绪的，当他发现自己的父母和老师来往很密切，就会潜意识里认为把秘密告诉爸妈是件很不保险的事情，因为不知道什么时候爸妈就可能在电话里告诉老师，然后自己就会陷入尴尬的窘境，与其如此还不如闭上嘴巴，跟谁也不说。

所以，想要让儿子敞开心扉，就要让他感觉把话说出来很安全，没有任何的危险存在，要让他对爸妈充满信任。所以，作为父母在这点上一定要注意，我们要让儿子知道，这个沟通仅仅就是父母和儿子两者之间的事，除此之外没有任何人，也不需要有另外的第三者介入其中。

3. 不妨与儿子玩玩通信的游戏

在中国式家庭里，家长与子女之间的关系是很含蓄的，不到万不得已，都不好意思说一个“爱”字，但中国的文字是很有情感的，只要孩子到了能认字的年龄，与父母沟通起来将不再有障碍。更何况这个时候的孩子正处在学习阶段，书信沟通既可以让他们顺畅地表达出他们的情感，还可以锻炼他们的文字表达能力。

我们可以偷偷地在儿子的桌前放一个小纸条，上面用水彩笔打趣地问他：“有没有情绪找个交心的笔友？他远在天边近在眼前。”假如孩子接受了，那么这个维系彼此倾诉关系的方式就达成了，儿子表达困惑，父母帮解心结。尤其是现在科技发达阶段，电子邮件、微信非常方便，即便工作再忙，爸妈也可以利用午休或一些零散时间，做儿子忠实的倾诉对象。

除此之外，更让我们喜悦的是，随着孩子的一天天成长，我们会发现回“信”是件非常有意思的事。每当我们翻回到以前曾经互通的“信件”时，相信每一位家长都会顿时觉得温馨无比，那是我们与儿子一同走过的路，是一笔无形的财富，是一段最美丽的历程。

展开一场绝妙的沟通

对于沟通这件事儿，有人说是门学问，有人说是门艺术。的确这门技巧在工作生活的方方面面都很需要。而对于与儿子沟通这件事儿，在语言智慧上更需要爸妈们多花点心思。要知道孩子虽然很简单，但想让他们把你的话放在心上并不是一件容易的事情。不少父母都曾经在与家中男孩儿沟通方面头疼过。有一个家长就曾经说："哎，说实在的，家中的儿子实在是难管，你说东他说西，你指着南他跑北，你问他为什么不听话，他就做个鬼脸说自己就不听话。假如你生气训他，他就坐在那里哇地一下哭了。真不知道他的内心世界是什么样的。所以我常常莫名地感慨，上天让我生下他，是不是就是用来惩罚我的啊。"

虽然这家长的言辞有些悲观，但其遇到的问题是非常常见的。如今，家长与孩子沟通难已经不是什么新话题，很多家长都为此提高了意识，开始认真反思究竟自己做错了什么才导致自己与孩子的沟通出现了障碍。针对这个问题，有关机构也采访了一些孩子，下面就一起来看看他们是怎么说的吧。

小男孩儿A："我不喜欢和爸妈沟通，因为他们老是婆婆妈妈的，喜欢叨叨，喋喋不休。每次看着他们坐在那里朝着自己念经，好心情一下子就被他们扫得一干二净。所以现在，他们说什么我都不在意，都当他们说的是外国话。"

小男孩儿B："我最讨厌爸妈以命令的方式对我说话，他们总是高声调地命令我：‘你要怎么怎么样’‘你必须怎么怎么样’，哪有那么多必须啊，我也是人，我有自己的想法，所以我不愿意跟他们沟通，感觉那时候的自己就是他们手里的一个小兵而已。”

小男孩儿C：“我讨厌爸妈不懂装懂的样子，明明自己不知道，还故作高深，回答不出来问题，就一脸不耐烦地把我支开，那种感觉很不开心。”

小男孩儿D：“我讨厌父母打断我的思路，他们总是一味地强调自己的看法，始终暗示我，他们才是交流中的主人，我必须听他们的。可我是人，凭什么就全都得听他们的？”

……

看了这些男孩儿的评论，不知道作为父母的你会不会已经找出了问题的所在？要知道，沟通这件事绝对不能急功近利，而是要加入一些智慧的成分。看看下面的方法，希望能够对大家有所帮助。

1. 专注聆听，感受孩子的心灵

如果你想知道孩子的内心世界，在沟通中首先要做的事情是对他所说的一切表现出专注的样子，这个时候作为家长我们要放下成人的姿态，尽可能地与孩子的内心保持一致，尽可能靠近他的内心，这样才能对孩子的思想有所把握。我们要让孩子在意识中感受到，这个时候的爸爸妈妈和他的心是贴在一起的，欢乐他的欢乐，悲伤他的悲伤，是一个非常了解他的人，也是值得信赖的人。

2. 不盲目否认，用反问把问题推回去

作为儿子，最讨厌在沟通中父母以大人的方式运用一些“但是……”“你必须……”这样的强硬词汇。因为这些词让他们感觉父母在意识里已经把自己放到了比较低的位置上。对于这件事，有智慧的父母从来不轻易表达自己的否认态度。而是用反问的方式把问题传回给对方。“嗯，假如有道理的话，你想怎么做呢？”“听起来是有点……不过你是怎么想的？”这时候儿子一定会说出更多他的想法，而爸妈也更可以在无形中摸清他的心理，把握沟通的主动权。

3. 认同中提出建议

孩子终究是孩子，在解决问题方面必然比不上成人办法多，但这个时候作为父母的我们千万不要过分展现出自己的高明，而是要对孩子的思路先表示认同，这样不但不会让孩子失落，而且还可以让他更积极地投入到解决问题的气氛之中。这个时候家长再适时地对他的行为加以指点，例如“目前你说得很不错，但假如可以这样会不会更好一些……”“你的思路很正确，不过假如能在设计中加入这些元素会不会更好？”一边认同，一边建议，一边征求意见，完全没有家长的架子，孩子怎能不愿意接受你的意见呢？

第三章

理解尊重：放下架子，做儿子最知心的朋友

“你为什么不把心里话告诉爸爸妈妈？”“我就是不喜欢他们整天端着的那个臭架子。”假如有一天作为父母的你在门外无意间听到儿子这样描述自己，脸会不会因此而内疚发热呢？或许在你的心中，从来没有放弃成为儿子知心朋友的渴望，可不知道为什么，到了儿子面前，却怎么也弯不下腰来。但你知道吗？这是我们亲近孩子不可或缺的历程，只有把架子放下来，你才能真正与他平等相处，看到他的世界，倾听他的心声。

尽管未必认同，也要给儿子说话的权利

“不知道为什么，以前儿子很听话，现在却对我的话产生逆反，不管我说什么他都会带着批判的眼光，好像我对他的关心都是一种对他的敌意！哎！真的搞不懂现在的孩子，可面对他的问题，我又不能不去管，到底该怎么办啊？”一位家长在留言中这样写，字里行间渗透着为人父母的爱、委屈和担忧。

是啊，孩子越长越大，思想认知体系也越来越丰富，尽管他们对这个世界还一知半解，却渴望着用自己的想法去解决问题，以证明自己的独立，常常会无意识地抵触家长与他们的沟通。针对这个问题，我们特意问了一些年龄相仿的男孩子，题目是：你希望和爸妈拥有怎样的沟通关系？而他们的回答是这样的。

男孩儿A：“我已经长大了，不要以为我还是个孩子，我有自己的判断能力，有些事情我完全可以自己完成，他们掺和进来反而会乱套。就好比有一次做西红柿炒鸡蛋，我明明自己一个人的时候做得很好吃，结果他们这么一掺合，我阵脚大乱，结果炒得很糟糕，而他们反而责备我笨手笨脚，我心里很不舒服。其他方面也是一样，他们指点来指点去，还不如我自己用我的想法去做、去实践呢。”

男孩儿B：“我不应该成为他们思想的附属品吧！每次交流的时候，都是‘你要怎么样’‘你不应该怎么样’，可是到我表达想法的时候，还没说话他们就已经全盘否定，他们永远最正确，但真是这样吗？我看未必吧！”

男孩儿C：“我们家的交流模式我永远排在第三，老大是爸爸，老二是妈妈，等到我的时候几乎就没有发言权了。即便我说了什么他们也跟没听见一样，依然按照自己的方法处理，让我觉得言语无力，在这个家里没有一点价值。说真的，太伤自尊啦！”

作为父母，有些时候我们总是想当然地觉得自己才是最正确的，所以总是会傲慢地对孩子说：“我是过来人，吃的盐比你走的路都多。你不听我的肯定吃亏。”而这个时候的孩子，看着你却一脸地不屑，为什么？他们的理论是：“时代是不断进步的，我会的很多东西你都不会，还跟我在这儿倚老卖老，真是太没意思了。”长此以往，彼此的距离会越拉越远，更严重的是，有些家庭的男孩儿和家长，已经达到见面顶多三句话，之后谁也不理谁的境况。长此以往下去，父母与儿子之间的感情必然会出现更严重的问题。

那么，怎么解决这个问题呢？首先我们还是要从观念上进行自我转变。儿子虽然小，但是他是有自己的想法的，更何况他的想法，也未必没有借鉴意义。随着孩子一点点地长大，我们应该更加鼓励他们参与到家庭事务和问题讨论当中去，不应该总把他们放在一个无知孩子的位置。当与他在某些事情的看法上不能达成一致的时候，先别急着反驳，而是应该认真地听他把话说完，这就好比一句至理名言：“我并不赞同你的看法，但我誓死捍卫你说话的权利。”这对于孩子来说也是一种必要的尊重。

著名诗人纪伯伦针对孩子教育的问题曾经这样写道：

你可以把你们的爱给予他们，却不能给予他们思想，因为他们有自己的思想。

你可以建造房子荫蔽他们的身体，但不是他们的心灵，因为他们的心灵栖息于明日之屋，即使在梦中你们也无缘造访。

你们可努力仿效他们，却不可企图让他们像你。

因为生命不会倒行，也不会滞留于往昔。

……

是啊，时代在一天天地发展，孩子在一点点地成长，如果你希望他们可以发展得比自己更强大，就先放下经验主义，不要刻意强制他们成为自己生命的翻版。孩子是天真的、活跃的，我们不应该用自己成人的眼光去压制他们的思想，应该带着一种包容甚至学习的态度陪伴他们一起成长，我们要给他们说话的权利和自由，要让他们的思维保持原有的跳跃和弹性，要鼓励他们强大的想象力和自信心，让他们拥有飞上蓝天时最坚强的羽翼。而这一切我们都应该让他们自己去感觉，自己去理解，自己去创造。

其实在男孩儿的人生道路上，作为家长，我们起初是引导者，之后更多的是学习者。假如你可以扭转观念，你会发现与儿子一起探讨问题是一件很有趣的事儿，你会发现很多从未涉及的新事物，你会发现他博学多才的一面。当然随着时光的流逝你可能越来越发现自己思维的局限，发现自己的主意不够用，发现对眼前的科技越来越陌生，而这时说不定儿子已经成长为一个善于运用各种简便方法解决问题的小专家，放他出马就可以独当一面，平扫天下，那种感觉会不会也是一种成就感呢？

所以不要再压制了，给他说话的权利，让他去飞，让他一点点地尝试用自己的方法解决问题，尽管开始会有点不习惯不认同，但秉持着长远发展的考虑，今后的你一定会感谢现在对孩子放开手的自己。

换位思考，与儿子平等相待

在《新概念英语》里有这样一篇有趣的文章，是一篇关于一位印象派艺术家的自白，内容大概是这样的：

有一次他在挂刚刚完成的一幅画作，很多人在他的画作前不懂装懂地品头论足，说这幅画表达的是这是那。这时，画家的妹妹，一个不到十岁的小姑娘走过来问："你在干什么？"艺术家说："我在挂画，这是我的新作，你觉得怎么样？"小姑娘左看看右看看，想了一会儿说："感觉不错，不过它是不是被挂反了？"艺术家站在一旁又仔细端详了一会儿后，开心地说："谢谢你，我可爱的小姑娘，你说得对。"

作者自认为他的画有时就像彩色的窗帘，仅仅是一种美丽颜色拼凑起来的画面。相比于前者的评论，他认为孩子对于这幅画作的审美是最准确的。

曾经有一位艺术家这样说："在美神面前，无论老幼尊卑，每个人都是平等的。"假如那位艺术家没有站在十岁小姑娘的视角观察画作，他就不会感受到另外一片神奇的审美世界。而生活中，作为家长的我们却常常忽略了这一点。我们总是用主观的想法去判断事物，并理所当然地认为，儿子也一定是这么想的，可事实真的未必如此。孩子的世界很纯真，没有局限，充满想象，他们对事物的认知与成年人是不同的。就好比一片云朵映在蓝天上，大人顶多感叹：“啊，今天天气真好，蓝天白云的。”而儿子可能会望着天空陶醉很久，告诉你：“妈妈我看到天上有白色的大象，有飞驰的骏马。”“爸爸，刚才我看见有一只老鹰飞过去了，他到底能飞多久啊？它把家安在了哪里？”假如孩子的联想能力再多点儿的话，他们会把所看到的景象编出一个非常有童话韵味的故事来。

这个时候，作为家长的你如果能认真地聆听孩子们的讲述，你就会发现：“哇！原来儿子的世界是那么的美妙，而曾经的自己却从来没有意识到。”

随着孩子们年龄的增长，愈发对这个世界充满了好奇。经常会问一些大人们看起来很可笑的问题。但是他们的态度却很认真，似乎这对于他们来说很重要。如果我们只用大人的思维，或许不知道孩子为什么会有这样的举动，为什么会问出那么可笑的问题。

这个时候我们家长就要及时调整思路，以孩子的视角和他一起交流，一起游戏，一起面对问题，解决问题，而不是以成人的认知去要求他们，批判他们。真正成为孩子各个阶段忠实的好伙伴。这看起来很容易，其实，实践起来对于很多家长来说并不简单。

一天爸爸回家，看见儿子小威一个人坐在桌前聚精会神地摆弄着什么，出于好奇，爸爸走到跟前观看。这一看不要紧，脸顿时气绿了。原来小威把爸爸新送给他的小手表给拆了。

“小威你在干什么？”爸爸有点不高兴地问。

小威：“哎，爸爸回来啦，正好，我在探寻手表为什么会准确报时的秘密。我正在研究它的每一个零件。”

听了小威的话，爸爸本想对他毁坏东西的行径发火。但转念一想，儿子的举动未必不是一个好现象。毕竟他已经由不动脑子的享受转变为探寻事物原因的好奇了。假如这个时候，自己发脾气，那无异于毁灭了他的求知欲望。

于是爸爸深深吸了口气，让内心平静下来，然后装作什么事情也没有发生一样说："是吗？那爸爸和你一起研究好不好？"

小威："好呀！好呀！我正愁没有帮手呢。"

于是爸爸和小威一起行动，小心翼翼地把拆下来的手表恢复成了以前的样子，而且转动正常，没有大碍。整个过程中，小威相当兴奋。而爸爸也在安装的过程中受益匪浅，宛如回到了少年时代。当大功告成的时候，父子二人大声欢呼，击掌庆贺，非常开心。

生活中，我们经常会听到很多家长抱怨孩子毁坏东西、不老实。但转变角度想想，或许当时孩子的想法和故事里的小威是一样的。面对孩子不断膨胀的求知欲，他们的思想会慢慢地发生潜移默化的改变，他们心里会装满了各种各样的为什么。作为家长，我们首先要成为孩子值得信赖的帮手和玩伴。只有这样才能在孩子采取行动之前，加以引导，规避风险，甚至提前提出更好的玩法和建议。

在例子中小威爸爸就是一个非常有智慧的家长，他可以很好地克制自己的情绪，并在不打压孩子好奇心的前提下，不露声色地规避风险，把手表重新安装成以前的样子。而作为更聪明的家长，说不定还能想出比这更好的主意，比如孩子有求知欲，就专门找出一块坏了的手表与孩子一起学习拆解，或是和孩子一起走进图书馆寻找答案。但这一切的前提是，你真的理解孩子的那颗心，真的愿意换位思考，真的愿意用平等的视角对待孩子，尊重他的想法。如果真的能做到，相信家中的小男孩儿一放学就会蹦蹦跳跳地闯进你的屋子，然后迫不及待地说："爸爸妈妈，今天我有个问题，咱们一起解决一下啊！"

放下权威，向孩子敞开心扉

曾经还是单身的时候，我们会把专注力全部投入到工作中，所得的收入除了日常花销还能有一些积蓄，还可以不时地找些朋友看看电影、喝喝茶、逛逛商场、吃顿饭。但当步入婚姻殿堂以后，一个人变成了两个人，两个人又变成了三个人，自从生命中诞生了一个小孩儿，责任和使命也因此而加重了。不知不觉我们开始节省身上的每一分钱，却希望儿子能吃得再好一点。你开始缩减和朋友喝茶逛街的时间，花更多的精力陪伴儿子。你开始精打细算，如何能够在还房贷的同时，为孩子储备一笔未来的教育资金。而这一切，或许你很少会跟儿子提起，你认为这是一种父母之爱最无私的表现。

但作为孩子的避风港，怎能那么容易当呢？它意味着要承担更多的风雨，面对工作的焦虑、生活的压力，作为成年人，有时候我们不可能在承受这一切以后还装作什么事情都没发生。曾经就有一个朋友说，当有了孩子以后，自己真的会面对很多的无奈和焦虑。明明工作不顺心，却不能像以前一样潇洒地说换就换，明明上班的时候已经焦头烂额，但下班以后还要装作什么事情也没发生，买菜做饭陪着儿子讲故事。明明生活上与丈夫（妻子）出现意见不统一，却还要在孩子面前装作若无其事，为儿子保持家庭的和平安定。而自己，感觉越活越没有自己，尽管知道这是自己必定要付出的代价，但每每想起还是会感到少许的伤感。有时候半夜睡不着，就会想起曾经一个人时的美好时光，便任凭眼泪从眼角划过脸颊。

这么一看，作为家长也真的不是一件容易的事，而要想兼顾工作和家庭，做到里外一把好手的话，不管你怎么选择，都会成为付出最多的那一个。所以，当我们情绪失落却不知道向谁诉说的时候，心里的委屈就会不断地积攒，时间长了很容易影响心理健康。

假如这个时候儿子瞪着大大的眼睛问，“爸爸妈妈，你们怎么了”的时候，为人父母的你应该如何面对呢？

一天铮铮在一边玩着玩具，忽然听到钥匙开门的声音，妈妈走进家门，当他开开心心地去迎门的时候，却看到妈妈的眼睛红红的。

铮铮：“妈妈，你怎么了？你哭了？”

妈妈：“没有，妈妈没事，不用你管，去玩儿吧。”

但铮铮并没有离开，关心地问：“妈妈，谁欺负你了？告诉我。”

妈妈：“哎呀，不是跟你说了吗，不用你管，妈妈想静一静，不要烦我。”

看着妈妈一脸不耐烦的样子，铮铮委屈地低下头：“哼，人家是关心你，以后再也不会管你的事儿了。”说罢自己又坐回到玩具堆里。

事后才了解到，原来铮铮的妈妈在工作中出了点小问题，领导当众批评了她，所以心里很不舒服，坐车回家的路上越想越委屈，就哭红了眼。

从事情的原因来看，铮铮妈妈的事情确实与铮铮无关，而铮铮妈妈的做法或许很多家长在自己心情不好的时候都会采取同样的方式，觉得孩子还小，不应该让他听到那么多外面事情的残酷，再说就算告诉他，又能解决什么问题呢？

可是作为家长的你有没有想过，假如这个时候盲目地把孩子推开，会对他的心理和意识造成怎样的影响呢？假如有一天孩子真的对你的喜怒哀乐不闻不问，漠不关心，你真的就不会因此感到一点失落吗？假如你真的让孩子养成了在你难过的时候置之不理、闪到一旁的习惯，那等到我们日渐衰老的时候他又会以怎样的态度来对待我们呢？小小的一个举动，却灌输给了孩子非常不好的信息，一旦这种不良的意识被树立，那么对于未来产生的后果是相当严重的。

其实，作为家长，我们真的没有必要把什么事情都放在心里，尽管孩子还小，不管他懂还是不懂，我们都应该对他敞开心扉，让他从小就能感受到自己最真实的一面。让他知道，爸爸妈妈不是五项全能，也有着自己的失落与伤感，也要遭受挫败和历练。要让他知道为了能够给他营造一个天真美好的童年，父母要付出多少艰辛的努力，承担多少不为人知的风雨。假如他们能够知道这些，必然会在心里更加尊重自己的父母，对他们怀有感恩之心。

有一次遇到一个个子不高的男孩子，跟他简单地聊了几句，就感受到了他父母的智慧。

“我妈妈说，其实有时候她并不开心，有时候工作不顺的时候很头疼，真想不干了，但每次想到我，她还是会选择坚持。她身体并不好，但是为了我还是硬着头皮去做饭打扫卫生。她工作很累，回到家本应好好休息，但还是希望能带我多出去玩儿。所以我的妈妈是个好妈妈。我要好好学习，变得强大，才能更好地照顾和保护她。不再让她做那么多自己不想做的事情了……”

听完了这些话，作为父母的你会不会感觉鼻子酸酸的呢？尽管儿子还小，竟能这么体谅他们的父母！

假如你能告诉他你为他所做出的努力；假如你能够在交流时表露出自己柔弱的一面；假如你可以告诉儿子你的真实想法，相信他一定也可以用他的小脑袋认真地思考，并对你的伤感和劳累表示理解。这是一个敞开心扉的过程，它会让儿子觉得自己是爸爸妈妈足够信赖的伙伴，应该为父母分担一些力所能及的事情，而这难道不是孝道培养的第一步吗？

放低姿态，让儿子说出心里话

作为家长，我们当然希望更好地了解孩子的内心，但有些时候觉得自己在落实这件事时，总是表现得苍白无力。隐隐之中我们总是羡慕那些有经验的教育工作者，不到几分钟就能和孩子打成一片，所说的话还都能让孩子欣然接受。究竟自己差距在哪里？总结来，总结去，还是在“交流”二字上出现了问题。

现在，虽然与孩子沟通这件事已引起了很多父母的高度重视，也非常渴望成为家中男孩儿身边的良师益友，能够更好地把握儿子的心理动态。可明明自己想得很好，真到做的时候，结果却一个天上一个地下。儿子冷不防的一个问题，就搞得自己不知所措，不知道下面的计划如何进行。于是有的爸妈感慨道：“不知道是不是天分问题，怎么与儿子交流会这么难？明明看着别人做起来是件那么容易的事情啊？”

那么问题究竟出在哪里呢？一位教育专家给出了答案：“家长与孩子沟通出现了问题，原因往往并不在孩子，他们有的时候之所以会提出一些古怪的问题难为家长，是在用这种行为向家长发出信号，不要以为你是大人智商就比我高，我知道很多你不知道的东西。而这个时候的大人明明自己不知道，却不愿意放下作为父母的架子，始终保持在死要面子活受罪的状态。长此以往，怎么能够打开孩子的话匣子？所以在这里呼吁孩子的父母，一定要学会放低姿态，你不蹲下来和孩子交流，怎么能够让他体会到平等的尊重？你不先放下父母的架子，怎么走进孩子的内心世界？你不去以孩子的眼光看待问题，又怎能说得上真正的了解？你不先去感受孩子的心灵，又怎能展开话题？这一切都是环环相扣的，而很多家长至今都没有意识到，与孩子友好沟通对于亲子关系、对于孩子的成长是多么重要的事。”

现实生活中，很多家长真的很不会跟孩子聊天，每天早晚沟通的话题就是围绕着生活的那点琐事儿，“晚上有没有好好睡觉啊？是不是又踹被子了？”“在学校有没有听老师的话啊？”“作业做完了吗？”“和同学关系搞得怎么样啊？”“晚上想吃什么啊？”除此之外再无其他，而儿子似乎也已经习惯了这种询问，一边心不在焉地听，一边心不在焉地答：“挺好的啊！”“我睡得很香啊。”“作业做完了啊！”“晚饭随便啦！”时间一长，爸妈与儿子的交流似乎就成了一种例行公事，父母不知道怎么延续谈话，儿子也不愿意透露内心，这样下去势必两者之间的距离会越来越远。

那怎么办呢？下面就给父母们提供一些小对策，看看那些聪明的家长是怎么顺顺利利地让儿子敞开心扉的。

1. 先从儿子感兴趣的题外话说起

与家中男孩儿交流，最重要的一点就是吸引他的注意力，让他觉得话题很有趣，之后再把自己关心的话题引出来，他就会不知不觉地说出自己的心里话。

妈妈：“乐乐，今天妈妈路过一家玩具店，发现里面有好多的小赛车，还有一些男孩儿在那里围着组装，我觉得真有意思。”

乐乐：“是啊，现在我们班好多同学都特别迷这个，他们每天回去看相关的动画片，有空的时候就自己组装赛车，然后相互比赛。”

妈妈：“你喜欢吗？”

乐乐：“当然了，我觉得他们能玩儿好的我也能玩好。”

妈妈：“对了，期中考试快到了吧？准备得怎么样啦？”

乐乐：“还说呢，现在老师出的题越来越难了，题量还特别大，好多同学模拟考试没答完就被收卷子了。”

妈妈：“那怎么办啊？老师怎么能这么出题啊！对吧！不过想想应该也是对你们好。”

乐乐：“我还行吧。能应付。”

妈妈：“嗯，好好考，等考完试，你带妈妈一起组装一台像他们一样的赛车好吗？但先别老想这事儿，学好才能玩儿好。”

乐乐：“真的？太好了，没问题！妈妈你知道吗？今天上学的时候，我们有一个同学……”

简单几句话，儿子就和这个妈妈无话不谈了。

2. 先从别人的事儿谈起

说自己的事儿总是敏感的，说别人的事儿就轻松多了，所以爸爸妈妈和儿子聊天时不如先说说别人的事儿，让孩子放下自己的心理负担。

妈妈：“磊磊，今天我和你们班同学照照妈聊天，他说照照最近情绪有点不对，好像被情所困的样子。”妈妈有一搭无一搭地说。

磊磊：“哈哈，他啊，他偷偷给我们班一女同学写信，被女同学交老师那里去了，可尴尬了。”

妈妈：“怪不得，以前看他挺老实的，怎么做这样的傻事儿。”

磊磊：“哎，就是早熟呗。”

妈妈：“那你早熟吗？”

磊磊：“我才不想这么快就熟了呢，熟了也是被考试考熟的。”

妈妈：“呵呵，我们家儿子行，有自控力。对了学校最近有什么新闻？跟妈妈说说！”

磊磊：“有啊，我跟您说啊……”

既让儿子敞开心扉，又达到了告诫儿子不要早恋的目的，智慧的妈妈可谓一箭双雕，轻而易举实现零距离沟通。

3. 以小说大，无形之中正确引导

假如动不动就拿大事儿压人那谁也不愿意过多发表言论，但是说点小事儿，以小说大，不但能让孩子懂得其中的道理，还能让他更容易接受父母的意见。

妈妈："帅帅，你知道蕊蕊那小姑娘吧？"

帅帅："怎么了？"

妈妈："她不是老爱吃手吗？怎么说都不听，结果这次住院了，说是感染，要打点滴。"

帅帅："天哪，怎么这么严重？"

妈妈："是啊，我也觉得呢。后来我看电视说爱吃手的人肚子里会长蛔虫，一照照片那个恶心哦。"

帅帅："额，那我已经吃了很长时间了怎么办？"

妈妈："那就看你喽，反正我以后是要勤洗手了。对了，最近学校有什么有意思的事儿吗？"

帅帅："有倒是有，不过……"

妈妈："哎呀，别想了，蛔虫太恶心，聊点别的，帮妈妈分散一下精力……要不然讲个笑话。"

帅帅："好吧，从前……"

从身边人的一件小事，讲到了吃手对身体带来的危害，同时马上转移话题，和儿子开始了进一步的沟通，无形中为儿子指引了方向。可见这位聪明家长的智慧多么了得。

沟通，不是一些管教性的套话

“有些话不直说你永远都不会懂，但太直接你又接受不了。你说我说话总是老一套地在重复，可是就这么重复，你为什么置若罔闻？到底我们之间存在什么问题？我真的找不到答案。”一个母亲这样在微信里给儿子的留言。

过了几天，孩子终于给了回馈，文字是这样的：

“正因为你总是在重复那些我都能背下来的话，所以我不爱听，我不爱听就不愿意去做，我希望你能换一种方式来跟我说话。听到你说话，就像录音机一样，我感觉自己无处可逃，或许你根本就体会不到那种痛苦。而我只能听着，如果不听或发表言论必然会激怒你，到时候我更没好日子过，但是从心里我真的希望这样无休止的唠叨，有一天能消失，你能以另外一种形象出现在我面前，那我将不胜感激。”

亲爱的家长同志们，假如不介意，请回忆一下自己小时候，那时候的自己真的喜欢被爸妈唠叨来唠叨去吗？他们唠叨的问题你真的改了吗？或许这时候有人会感慨：“小时候不懂事，总觉得父母的唠叨很烦人，但当自己步入成年以后，就会越来越感觉到那些唠叨很亲切，生怕有一天听不到了。”当然有这样的觉悟很好，但这毕竟也是长大以后才感悟到的，而且大多数人肯定也不能百分之百地确定，当年父母唠叨自己的事情，自己已经百分之百懂得并改正了。

相比之下，有些时候能让我们意识到并欣然愿意改正错误的途径，更多的是在一本书里、一个同学之间闲聊的笑话里，或者是一部电影里。当然也有例外，一些善于引导孩子的老师说不定会找你单谈，以大朋友的身份了解你的困惑，帮你指明道路，而那个时候的你感觉是那么亲切那么温馨，恨不得马上改掉毛病赢得对方的称赞和认同。

回忆到这儿，我们就不难理解，为什么孩子会反感自己套路式的唠叨。这个世界上，无论是大人还是小孩儿，都不会喜欢这些套话，尽管里面的内容很有教育意义，但没有任何一个人喜欢聆听这样无休止的叨叨。除非你的意志力超强，知道这一切是对的，然后身体力行地去改，但这种人在这世界上实在太少了，更何况自己面对的仅仅是一个未成年的孩子。

更可怕的是，很多家长在说这种沟通套话的时候，是不分场合的，很容易影响孩子的自尊心。例如有些家长正和身边的朋友聊天，孩子不知情走过来，还没怎么着就受到了你一大堆的批评："你看你这么不听话啊，衣服又弄脏了吧，自己就不能自觉点吗？以后爸爸妈妈不在身边看你怎么办。"这时候孩子一定会觉得心里很难过，心想："我又没捣乱，你用这些套话数落我也就罢了，还当着别人说我，根本就不顾及我的心情，那我凭什么听你的？"有了这种内心不满的小声音，很多孩子还不敢说出来，而是一点点地积累在心里，时间一长就影响到亲子关系了。

而家长呢？并不知情，更有甚者，身边的人越多，说得越带劲儿，就好像人前说了让孩子难为情，他以后就会改了一样，可事情往往是事与愿违。你越是说，孩子越是会逆反，最后破罐子破摔，无形中，双方之间的矛盾也越来越深。时间一长，沟通也就变得越来越困难。

曾经有一个小男孩儿就这样评价自己与父母的沟通关系：

"他们根本就不知道我想要什么，就是一味地用一些套话教育我，而且越是有人在越是如此，搞得好像他们多么劳苦功高，而我一直是多么不听话一样。那时候我就想，这下好了，所有人都知道我是个不听话的孩子了，那我还听话干吗？有什么意义啊？你们用套话对待我，我也有我自己的套话对待你们，给我惹急了，我也在有很多人的时候说，看他们自己下得了台下不了台，顶多最后挨顿揍，也让他们尝尝那种心里不舒服的感觉。不就是因为他们岁数大，力气比我足就欺负我吗？那些教育人的话我真的听腻了，都能背下来了，每次听都让我觉得快七窍出血了，那种被奚落的感觉，无助、伤感、愤怒啊……他们不高兴就可以用这种方式数落我，那我不高兴该怎么办？只能自己忍着，很多年了，我都是这么忍过来的……”

听了孩子的真心话，作为家长的你是不是应该让自己沉默地思考几分钟呢？既然套话没有作用，我们为什么不尝试一下另外的方式呢？给孩子写写信；送他一本养成良好习惯的书；在跟他散步时说说自己小时候也有类似他的情况，自己曾经因为没有改掉这样的坏毛病吃了多少亏；或是说一段别人有关这方面的故事；等等。只要用心，沟通的方式有很多很多，为什么一定要在交流思想的问题上变成彼此不服的“仇人”呢？

所以作为家长，在这里劝上一句，改改吧！不要再用儿时自己都不愿意承受的方式对待自己的孩子。孩子是你生的，肯定很爱他，就不要用套话折磨他，毕竟你们彼此之间都需要一颗以诚相待的心，不是吗？

错就错了，向儿子道歉不丢人

“我的爸爸妈妈都是墨索里尼，什么时候都有理，就没有错的时候。而我总是那个倒霉鬼，从来都没有对的时候。所以很伤心。”一个可爱的小男孩儿在写给老师点评的周记上这样表达着自己的失落和不满。

生活中，当我们身边的一些人无中生有、强词夺理的时候；当我们厌倦了上司把自己的错误推卸给下属的时候；当我们看着有些人明明错了，却拒绝承认的时候，内心的感觉会不会也跟这个孩子一样，无比的委屈、失落、忧伤呢？

在很多中国人的传统观念里，儿子就得听父亲的，对的要听，不对的也不能当面反驳。自古以来，孩子与爸妈之间的关系，都是树立在这样的威严之上，只有儿子给父母道歉，从来没有父母给儿子道歉的时候。

相比中国，西方某些国家在这方面却是另一番情景。他们更愿意和孩子成为朋友，交流意见，鼓励孩子独立面对生活，自主选择。一旦自己做错了什么，让孩子难过，他们会推开他的房门，耸耸肩拥抱他，轻松地说一声：“Sorry，宝贝，我错了，不要过于在意！”而这个时候的孩子也会欣然接受，原谅刚刚发生的一切。

两者对比，站在孩子的角度你更愿意接受哪一种呢？

其实孩子在这个特殊的年龄阶段，对于是非分辨得并不是非常清楚，假如这个时候作为父母，明明自己错了却不承认，那么所造成的不良后果是很多的。有些孩子就会始终认为，父母错误的行为是正确的，而以后自己这么去做也是正确的，这是一个方向上的误导。而有些孩子则善于模仿，看着父母不承认错误，以后自己也坚决不去承认错误。当别人问他“你错了没有”时，他会跟自己爸妈当时一样理直气壮：“没有，我没错。”时间长了，这势必对孩子的未来产生很严重的影响。

所以作为父母，面对自己的问题，是否应该给孩子一个正确的回馈呢？其实，换个角度想想，孩子是自己生的，更何况他还是个孩子，比起职场中的老板和同事来说，和自己的孩子说声对不起真的没什么丢人的。更何况道歉的方式有很多种，比如给孩子在饭桌上加一个他最喜欢的菜，传一个小纸条，假期带着他到外面一边玩儿一边就把心里话说出来了。这个时候孩子必然会对爸妈的勇敢深感敬佩，直到他们长大成人，每当回忆往事的时候，都会充满敬意地对别人说：“我的爸爸妈妈是敢作敢当的父母，这对我影响真的太深远了。”

其实，主动向儿子承认错误，不但不会有什么糟糕的事情发生，反而可以增进彼此的感情。相比于那些“你不承认错误，我也不承认错误”的代沟家庭来说，维系这样公平和谐的气氛绝对是一个明智之举。这样会在家庭中形成一种家风，谁犯了错误，不论大小老幼尊卑，都要勇于承认，因为承认了错误就会从其他家人那里得到包容，同时也实现了自我解脱。

在人生的路上有许多的人犯错后因种种原因没有或不敢承认，却长期饱受良心道德的煎熬，始终扬不起头来。而谁愿意让这一切发生在自己儿子的未来呢？所以，作为家长勇敢起来吧，与儿子一同见证宽容的力量，漫漫人生，每个人都会犯错，勇敢地承认，才是与自己和解，彻底解脱于纠结痛苦的王道。

做错了吗？道个歉吧！跟自己的儿子，一点都不丢人。

第四章

有张有弛：聪明家长都是最温柔的“狠”爸妈

“妈妈，帮帮我吧。”“哎呦呦，妈妈这里一大摊子事儿，再说你那套妈妈不会啊。”“那怎么办？”“自己想办法。”真的不会吗？聪明父母的脸上露出了一丝诡异的微笑。孩子，爸妈知道你迟早会长大，而在未来的某一天，我们会对你遇到的很多问题无能为力。与其那个时候陪你一起哭泣，不如当下成为最温柔的“狠”角色，让你在不知不觉中养成习惯，不管遇到什么问题，都有独当一面的能力。

告诉儿子："你的事情就是你的事情"

经常在上学或放学的路上看到这样的情景，儿子一身轻松，摇头晃脑一蹦一跳地在前面走着，爸妈却左手拎着书包，右手拿着便当，紧紧跟在后面，宛如一个小跟班。那时我心里就感慨道，中国的家长太溺爱孩子了！长此以往会给孩子们造成一种错觉：父母为自己做什么事情都是理所当然的，自己什么都不用考虑，可能还没想到，爸妈就帮自己办好了。

说到这儿，想起曾经有一次和一个男孩子交流："我妈妈说了，现在自己什么都不用管，好好学习就行了，其他交给她来搞定。未来怎么设计，怎么铺路完全都不用我操心。所以想那么多干吗？享受当下不是很好吗？"这让人忽然想起曾经在报纸上报道的一个男孩子学习成绩很优异，考上了非常有名的大学，可自理能力极差，甚至连系鞋带都不会。结果家里专门为他请了个保姆，帮助他打扫床位，洗衣服。试想一下这样的孩子到了社会上该怎么生存，一旦父母不在身边，或是遇到了连父母都不知道怎么解决的问题，他的人生必将陷入到一片黑暗之中。

当今中国的家长可以说是"最负责任"的家长，不仅仅操心孩子的当下，还操心孩子的明天，从衣食住行到职业规划，辛勤赚钱准备给孩子买房娶妻，或留给孩子一笔遗产。这样包办了一路，只为能把孩子经营成自己心中的样子，觉得这样自己心里才踏实。可事实上却抹杀了孩子的天性，毁灭了他们对于未来的向往。因此这里想问一句，你确定孩子活在你的规划里就是稳定开心的吗？你确定未来的世界就不会发生变化吗？你确定你能很好管理孩子的一辈子吗？如果不是，尝试着放手吧！眼看他还小，及时转变还是来得及的。

其实对于教育问题，我们的老祖宗对我们早有告诫，正所谓：“金玉满堂，莫之能守。富贵而骄，自遗其咎。”作为父母，给孩子留下什么很重要，你给他一座金山，他不一定守得住，你给他个工作他也可能丢饭碗，所以古时候的人非常注重立家规，把自己的经验进行总结，在字里行间一点点地渗透给孩子，让他们成年以后，能知书达理，独当一面，之后便支持他们自立门户，自力更生。他们不娇惯孩子，相反对孩子的管教是相当严格的。

与现代中国家长形成鲜明对比的是国外的父母，尽管他们非常爱自己的孩子，但在自立这方面，却做得比中国家长到位很多。曾经在国外就看到一家三口出游，大人背着大包，不到五岁的小男孩儿也背着自己的小包，每个人的包里都放着自己需要的东西，谁也不帮谁拿。之后了解到，很多外国的孩子把自己独立处理问题当成是一件非常快乐而伟大的事情，假如这个时候有些孩子在生活上遇到问题，想张口求助于父母的时候，很多父母的回答就是：“Sorry，这是你的事情。”而孩子也会因此低下头，为自己的不自立而羞愧。

如此鲜明的对比，作为父母的你现在应该心知肚明了吧？假如你一时还“狠”不下这个心，就请在孩子问“怎么办”的时候先尝试背过身去，如果这个时候你再能淡定地说一句：“这是你的事情，你的事情得由你来搞定。”那就更漂亮了。

回想一下自己从懵懂一路走来的人生旅程，可曾有初涉成人社会的迷茫？可曾经历过挫败摔倒的失落？可曾幻想过突然之间出现给自己生命带来光明的贵人？但清晨醒来，自己还不是一个人面对一切，调整情绪，安静地洗去昨夜的泪水，想办法面对未来。

既然自己曾经走过，就应该明白自立对一个人是多么重要。所以在孩子面前，关于他们自己的事情，还是不要一手包办了吧！因为，总有一天他面对的问题会让你陌生；总有一天你会发现对他的困惑你也无能为力；总有一天他会离开家行走天下，而真正能够帮助他的只有他自己。与其让他到那个时候不知所措地痛苦，不如从现在起锻炼他独立自主的能力，半鼓励半严肃地说："这是你的事情，自己想办法。"

为什么你摔倒了，我没有扶你

生活中我们常常看到这样的场景，一个孩子蹒跚学步，突然一个跟头摔倒了，他的反应一定是先左看看，右看看，一旦发现爸妈正在关注他，他就开始坐在地上放心地哭。而这个时候一些父母就会心疼地走过来，又是抱又是亲：“哎呀宝贝怎么啦！没事儿，没事儿，来抱抱，抱抱，别哭了！”而孩子还得在爸妈怀里好一阵地撒娇哭泣，才会忘记伤痛。

记得曾看到一对名人夫妇在电视上谈如何教育孩子，面对孩子摔跤这件事，他们的处理方法就很明智。“我们非常爱自己的孩子，但这并不意味着娇惯。比如他蹒跚学步的时候，我和妻子就坐在沙发上边笑边逗地鼓励他，但当他摔倒的时候，我们就会假装没看见地背过头去。而他在发现自己的摔倒并不受关注的时候，就会自己站起来，继续走。其实，小孩儿摔倒很正常，摔个屁墩儿根本就不疼，主要是想赢得关注，求得父母不必要的帮助。而我们用这种举动告诉他，人生的道路上，没有那么多扶你的人，自己摔倒了，就自己爬起来。这并不是不爱他，而是要让他从小就知道……”

说得多好啊。生命的路很长，不要让孩子因此而产生依赖感。其实，很多孩子哭闹并不是因为痛苦，而是蕴含着某种对大人要挟的成分，因为在潜意识里，父母已经给他们传递了一种信息，只要你一哭，就会有人管你，只要你一哭就会有冰淇淋吃，假如这种暗示在孩子的心里扎上了根，就会出现一种非常不利的情况，那就是只要自己没有得到想得到的东西就会哭闹，直到父母乖乖地把东西拿到自己手里为止。长此以往，不仅让孩子形成了过分贪婪的恶习，对他的未来也是有百害而无一利。

其实，人都是一边摔倒一边面对成长的，假如这个时候有人扶起你，真的是一种运气，更多的时候，我们要靠自己的力量站起来，世界最靓丽的风景往往不是给失败的人准备的。只有自己努力地爬起来，站起来，才会走在成功的大路上。作为家长，不管你多么希望让孩子享受一个天真快乐的童年，不希望他们过早地经历风雨，你也应该让他潜意识中明白，在今后的人生中，挫败可能是经常都会遇到的事情，哭泣解决不了任何问题，必须学会坚强，因为你不坚强没有人替你勇敢。

所以，从现在开始为家中宝贝的男孩儿做出改变吧！既然爱他，就从现在开始“狠狠”地对待他。在他摔倒的时候学会转身，在他哭泣的时候学会“置若罔闻”，悄悄地观察他的表现。假如一切并没有我们想象中的那么糟，不妨把他拉过来好好聊聊，告诉他自己很爱他但面对他的摔倒不去理会的理由。时间一长，男孩儿自然会在心里形成意识，清楚地知道人生的路是要自己去走的，而面对这一切的开端，就是从现在起，摔倒以后，不哭不闹，然后快速爬起继续前行。如果有人再问：“为什么？”他也能自信满满地说：“因为我要做一个勇敢的男孩儿！”

想想吧，如果爸妈不在身边怎么办

“妈妈帮我叠下被子，我快迟到了！”“爸爸！矿泉水瓶盖太紧了，帮我拧一下。”生活中我们是不是经常会听到儿子向自己发出急救申请呢？我们就是他眼中的救火队员。一来二去他就成了习惯，觉得一切都是理所当然，从生活到学习，自己不会没关系，大不了有爸妈解决。甚至有时为了躲避这些“小事”就说功课紧张，自己要看书学习。只要拿出了这招杀手锏，爸爸妈妈就会非常听话，欣然接受他甩出来的一个又一个包袱。

假如这一切是为人父母的你正在经历的，那就一定要提起高度的警觉，因为这并不是一个好的信号，这意味着孩子已经越来越依赖于你的帮助。退一步讲，即便是孩子真的因为时间更富裕，学习有所提升，将来也是一个只会念书不会生活的机器。那将会是父母在培养孩子过程中最为失败的一笔。

曾经有一位成功人士回忆起当年自己父母的教育，至今印象深刻：“记得那次我起床晚了，眼看再不走就要迟到，但是被子还没叠，于是慌忙拿起书包想往外冲，却被母亲拦了下来，她问我为什么屋子那么乱，被子也不叠。我说时间来不及了，马上要迟到，求她帮我叠一下，但是被她义正言辞地拒绝了。她告诉我自己的事情就要自己做，总有一天她会不在身边，那个时候我又能找谁去叠被子。于是她把我揪回屋子，看着我把被子叠整齐，屋子处理整洁才罢手，而那天我因为迟到受到了批评。”

说到这里成功人士感慨良多：“作为一个孩子，当初的我非常不理解，以为她在故意找茬让我难看，不就是叠个被子吗？为什么要用这种方法整治我？我清楚地记得那天我垂头丧气地回家，妈妈并没有理会我的情绪，而是默然地问了一句：‘是不是挨批啦？’见我没有说话便毫不在意地说：‘这就是你妄求过分依赖别人所应该付出的代价。’尽管那天我很伤心，但从那以后不管什么事情我都努力地想办法自己去完成。直到现在自己已经到了不惑之年，每每想到母亲当年的种种，心里已经没有憎恨而是深深地感激，她让我明白这个世界上的任何人都是无法长期依赖的，甚至是父母。人要想成长就必须学会自己解决问题，而不要过分祈求这时候会有一个万事通站在你身边，这是不可能的。在这一点上母亲给我上了深远的一课，她让我明白，父母可以用来依恋但绝对不能用来依赖。而人想成功总是要独自面对一些事情的。”

一件小小的事情，让一个男孩儿终身不忘，永远把母亲说的话牢牢地记在心里。是啊，假如妄求从依赖某人上寻找安全感，那么早晚会因此而付出代价。与其未来损失惨重，不如从现在开始调教历练。事实上作为家长想做到这一点并不难，难的是我们自己狠不下心来，总觉得孩子已经很辛苦，自己要为他分担。而正是这种不明智的关爱方式导致了孩子在未来生活中的缺陷。

作为父母我们要知道，孩子总有一天会离开自己，而我们也总有一天会变老，我们没有把握能时时刻刻站在他的身边，也没有把握时时刻刻都能帮他解决问题。与其未来坐在一起陪着孩子哭，不如现在做一个狠心父母，在未来和他们一起坐在阳光下笑。这样鲜明的对比，在你的内心是否已经有了答案？找个时间和儿子谈谈吧，问问他要依恋还是依赖，问问他自己能够帮助他到什么时候，当然也要问问他：“假如有一天爸爸妈妈不在身边，这些事你能搞定吗？”

儿子，你要对你做的事负起责任

“我家的男孩儿就是个‘大马虎’，擦个桌子米粒掉满地，扫个地东一下西一下地敷衍了事。前几天老说他每到快下课时就坐不住，作业也写得歪歪扭扭。哎呀！这到底是怎么回事啊？”一个家长留言倾诉自己的烦恼。

其实很多父母都会遇到类似的问题，起初很多家长都认为是因为男孩子本性中的粗心大意造成的，好像没什么大不了的。但事实却远没有我们想象中的那么简单。其最主要的原因是对自己所做的一切缺乏责任感。

过去老人们常说：“不管做什么事情，不做则已，做就把它做好，这样才算对自己有个交代。”而现在的孩子意识里，学习不是为自己学的，桌子不是为自己擦的，甚至吃饭都不是为自己吃的。为什么这么说呢？主要原因还是我们作为父母对他管理得实在太细致了，很多事情都帮他想到了前头，而他也就顺理成章地自认为不用过多地动用脑子了。时间一长，男孩儿们就在潜意识里形成了一个思维体系，例如：“妈妈经常告诉我要努力学习，所以我是在为妈妈学习。我是在完成一项任务，所以只要我能交差就好了。”“爸爸让我把桌子擦了，我是在为爸爸擦桌子，但是他并没有奖励我，所以我只要把这件事情应付过去就好了……”

听到这儿，作为家长心里会不会很郁闷呢？怎么他就认为一切都是在应付差事呢？其实，这后果还不是最可怕的。假如孩子长时间秉持着这种态度，当他们长大成人以后，面对自己的工作和学习，必然也会习惯性地用这样的逻辑处理问题。哎，一连串的反应，想起来就让人头疼。

面对这个问题，一位有智慧的父母曾经给自己的儿子讲了这样一个故事：

从前有一个富商，家里有一个非常忠实的仆人，仆人年岁大了，想回家养老，富商想了想说："如果是这样我想求你帮我办最后一件事情，我在市中心的繁华地带买了块地，想在那里造一所房子，钱不是问题，材料和建造的一切事物都交给你。做完这件事情你就可以回家了。"仆人听了以后只好接受。

仆人想，反正自己也要回家了，房子又不是自己住，花再多的心思也没有用，干脆应付应付算了。于是这个仆人对房子的材料一点都不上心，建造的时候也是偷工减料，最后这个"垃圾房子"终于造好了，虽然外表说得过去，但其内在质量可想而知。

不知情的富商看了看房子微笑着交给了仆人一串钥匙，告诉他："这房子就是我送给你的礼物，希望以后你能在这里安度晚年。"仆人一听大惊失色，紧接着就痛哭起来，他根本没有想到自己应付了事建造起来的"垃圾房"竟然是为自己准备的。

孩子，我就是那个为你提供一切硬件不计成本的富商，为你提供一切有益于你成长的帮助，而你真的想成为那个愚昧的仆人，用应付了事的心态处理你的人生吗？

读到这里，想必很多家长都从中得到了启发，想让孩子拥有美好的未来，仅仅提供完美的硬件、舒适的环境是不够的，最关键的就是让他们明白，当下他们所做的一切都不是给别人做的，而是百分之百地为了自己，假如不想在未来因为自我的敷衍而受到惩罚，从现在开始就应该用心地去经营生命中的每一件小事和大事，因为这一切都会对自己的明天意义非凡。

所以，不妨将这个故事讲给儿子吧，毕竟只有对自己负责的人才能在未来的世界真正发出光来。

作为男孩儿，你必须有自己的主见

一位知名教师在回忆自己教学生涯的时候，谈到了这样一件事：

有一次我给学生上课，题目是："我们的理想"

结果有个小男孩儿举手直截了当地说："我想当医生。"

我便问了一句："为什么呢？"

他说："我爸爸告诉我的。"

我又问："那你自己想做什么？"

男孩儿回答："我也不清楚，医生就医生吧！"

我问："那你知道医生对于别人的意义吗？"

男孩儿说："我爸爸说医生的地位很高，能看病，以后他病了就不着急了。"

"那你知道怎么能成为医生呢？"我继续问。

男孩儿说："应该首先要学习好吧，学习不好考不上医学院校吧！"

听了这话我想了想又问了一个问题："那之后呢？"

男孩儿说："我爸爸说只要考上医学院校，后面他帮我想办法。"

……

讲到这里，这位教师评论道："整个交流中我似乎根本就没有听到这个男孩儿自己想要做什么，全是这个男孩儿家长希望自己的孩子要成为什么样子。我真的为这个男孩儿而担心，或者说是悲哀，因为他这么小，已经发不出自己的声音，似乎永远是别人思想的代言人。这么没主见的状态，今后怎么能把握好自己的人生？”

教师停了停继续说道：“执教那么多年，我不害怕孩子的思想出现错误，哪怕他说今后去当巫师，当动画片里某个特殊的怪异角色，我都可以接受，因为这就是他的真实想法，只要把他引导到正确的方向上，以后自然不会影响到自己的人生。而我怕的就是真的已经没有了自己的想法，一切信息并不来源于自己，你让他向东他说好的，你让他向西他也说好的，你问他自己想去哪里，他却一脸茫然地说：‘你不是让我朝这个方向吗？’一听这话可就完了，完全没有自我，想介入引导都很困难。”

生活中我们经常会犯一个错误，那就是总想让孩子实现自己没有实现的梦想。从很小的时候就开始给他灌输自己想完成的梦想，而忘记了孩子是一个独立的个体，他应该有他自己的理想。

曾经有关机构在大学生市场调查中发现大概有百分之三十到四十的学生在报考志愿的时候受到了家长的干预，没有报考自己感兴趣的专业，而导致自己在自己并不感兴趣的专业里备感煎熬。还有一些同学在顺应家长的安排以后发现，自己对家长所规划的专业领域并不擅长乃至最后不能顺利毕业。而更严重的是，很多学生发现当自己毕业以后，由于家长为自己选择的专业过于大众化，而自己又成绩平平，直接导致就业受到影响。

因为自己的主观想法，荒废了孩子的一生，想来也是个罪人。面对孩子的抱怨，这个时候的很多父母却又理直气壮地说：“你赖我干吗？当初干吗来着，你难道没有自己的主见吗？”可这话说在结果产生的时候是不是已经晚了呢?

所以，为了孩子的明天，请不要轻易为他做出任何一个决定。学着从一点一滴的小事来训练他，帮助他，当他走到了选择的十字路口时，我们可以安静地站在他身旁默默地支持他，但不要轻易地代他决定自己认为对的方向。要知道，膝下的这个懵懂的小男孩儿迟早有一天会长大，他要成长为一个具备坚实臂膀、勇于担当的男人。

第五章

不吝赞美：自信男孩儿，都是爸妈夸出来的

每个男孩儿都渴望拥有父母的赞美，从很小的时候开始，他们天真的眼睛就会注意到父母对待他们的眼神和情绪，会不断地努力表现得到爸爸妈妈的表扬。因为在他们心中父母是自己心中最重要的人，他们的肯定对自己很重要。所以作为爸妈，千万不要吝惜了自己的赞美之词，不要让家中的男孩儿因为得不到爸妈的夸奖而失落。在树立男孩儿自信心的最佳阶段，一句真心的赞美对他们来说弥足珍贵。

不要忽视了男孩儿的闪光点

当代的家长中，很多人秉持着成绩最重要的教育原则，认为孩子最大的闪光点就是学习成绩，而其他的优点只能算是锦上添花，假如学习成绩不好，那么其他的一切也会瞬间暗淡下来，失去本有的颜色。但事实上，对于孩子而言，所有的优点对他们的人生都是相当重要的。

曾经有这么一个例子：

一个毛头小子，穷困潦倒，在巴黎流浪，求父亲的朋友帮自己找份工作。父亲的朋友问他有何优点，而他怎么也想不出来，只是害羞地摇摇头。“那你写下自己的地址吧，有消息我会告诉你。”父亲的朋友说。于是这个男孩儿满脸羞愧地写下自己的住址，准备快速地转身离开，而这时候父亲的朋友却眼前一亮：“你的字写得很漂亮嘛，这就是你的优点啊。如果你字写得漂亮的话不妨尝试一下写作的工作，如果够努力的话用不了几年就能成为一名优秀的作家。”把字写好也是一个人的优点！男孩子的脸上终于显露出幸福的微笑。从此，这个男孩儿开始以此为起点，勤奋写作练笔，最终真的成为了一名享誉世界的大作家，他就是写出《三个火枪手》《基督山伯爵》等多部著名小说的大仲马。

想不到，放大一个小小的优点竟会产生如此的影响！在人生长河中，我们曾经忽略了自己身上很多优秀的特质，而正是这些特质，会在人生的某个转折点绽放出不一样的神奇光彩，带你走上一条属于自己的星光大道。所以作为家长，千万不要忽略孩子身上的每一个闪光点。

做闪光点的挖掘者，不断地帮他们将自己的闪光点放大，帮助他们更全面地了解自己，树立信心，迎接美好的未来。在这个问题上，教育家陶行知先生就为我们提供了很好的教育参考：

一次，陶行知老先生在学校里巡视，正巧看到一位男生用泥块砸同学，便上前制止，并叫那位男生放学后到校长办公室去。

当陶行知先生回到办公室的时候，那个同学已经在办公室里了。

看到男孩儿紧张的样子，他先掏出一颗糖给他："给，这是奖励你的，因为你比我先到办公室。"接着他又掏出一颗糖，说："这也是给你的，我制止了你打同学的行为，而你立即也住手了，这是尊重我的表现。"

男孩儿将信将疑地接过第二颗糖，这个时候陶行知老先生又说道："据我了解，你打同学是因为那个男生欺负女同学，这说明你是一个很有正义感的孩子，就为这我再奖励你一块糖。"这时，男孩儿感动得哭了起来，说："校长，我知道自己错了，即便是同学再不对，我也不应该用打人的方式解决问题。"这个时候陶行知先生又掏出一颗糖："既然你已经认错了，那我就再奖励你一块糖。好啦！我的糖发完了，我们的谈话也结束了。"

陶先生字里行间没有一句挫伤孩子自尊的话，相反他每一块糖的奖励，无形之中都在挖掘着对面这个男孩儿身上的闪光点，让孩子慢慢放下了恐惧，同时也意识到自己过激的行为是不对的。作为家长假如我们可以与自己家的那个可爱男孩儿长时间保持这样的默契沟通，那将会产生多少不可思议的效果啊。

假如我们可以用心观察就会发现，其实孩子很努力，当他在潜意识中对是非善恶有了概念，就会本能地朝最好的那个方向不断努力，并试图表现给身边的大人看，尤其是自己的父母，假如这个时候你并没有在意，他的心中就会萌生小小的失落。但假如你及时地给予鼓励，他就会认为自己所做的一切都非常有意义。

挖掘孩子闪光点，扬起他们理想的风帆

或许你没有意识到，在孩子的闪光点面前，我们就是风，可以让孩子满载宝藏的小船全速前进，也可以让它在失落中自我搁浅。所以作为家长千万不要错用了自己的力量。

曾经看过一篇关于一位著名演员的童年回忆，他的童年一点都不幸福，父母离异，他跟着父亲生活，而父亲心情不好就会酗酒，之后就会对他进行殴打，还时不时地对他进行讽刺："你和你妈一样，都不是什么好东西，瞧你长成这个样子哪里像我，以后也不会有什么出息，我是没什么指望了。"于是他小时候一直很胆小，很敏感，很软弱，当回忆到这里的时候，他说："那时候我真的认为自己没什么希望了，或许在我的内心深处已经不再挣扎，开始渐渐认同父亲的说法，那个声音一遍遍地在脑海里回响：'你是无用的，你就是个白痴。'实话说这句话曾经困扰了我很多年。"

可事实并非如此，当这个被父亲奚落的男孩儿长成了一米八的小伙子，由于相貌英俊被星探一眼相中鼓励他从事影视行业，当时的他非常自卑，觉得自己根本做不好这件事。可当他见到了他生命中的第一个贵人，也是他走向影视行业的第一个老板时，对方的一席话却改变了他的命运。"你没有照过镜子吗？你的父母给了你一张非常俊朗的脸，你的声音是那么的好听，你的字迹是那么

的优美，你的体格是那么的标准，还有你的内心除了自卑以外是那么的纯净，这些都是你吸引我的地方，难道你真的觉得这一切都不重要，你要摒弃这些上天恩赐的礼物，然后继续可怜兮兮地说自己一无是处吗？”

“于是，十几年了，我第一次站在镜子面前打量自己，打量自己那健美的体格，打量自己的眼神和轮廓，我第一次找到了自信。”之后他进入了演艺行业出演多部电影，成为了家喻户晓的明星。

这位演员是幸运的，尽管他经历了童年的不幸，没有一个真正理解他的父亲，却在关键时刻遇到了自己生命中的贵人，一个真正愿意赞美他挖掘他的人。在那一刻他的优点被无限得放大了，他终于感觉到了迟来的美好感受并最终改变了命运。

之所以用这个例子，是想告诉亲爱的父母们，挖掘孩子们的闪光点，并真心地鼓励他们充分发挥他们的优点，对于一个孩子来说是多么的重要，它就像是促进花儿快速生长的阳光，是孩子成长中不可或缺的养分。这太阳就是做父母的我们。孩子的童年时代是树立孩子良好心态的关键时期，也是培养他们完美人格的最佳阶段。其中最关键的一点就是阳光、快乐和自信。所以，放下那些令人伤感的奚落吧，用温暖的心去细心地挖掘孩子心灵深处的闪光点，告诉他，他是多么的优秀，帮他们扬起理想的风帆。

相信有那么一天，当他们带着成功的微笑，自信满满地站在你面前的时候，你一定能够瞬间感受到一份特殊的成就感。

当着别人的面，多夸奖少揭短

“哼！别人的妈妈爸爸都当着别人夸自己的孩子。你们呢？越是人多的时候越是奚落我，我一无是处行了吧？以后再也不理你们了。”一个男孩儿一边留着泪一边在日记中写道。

孩子是敏感的，小小的自尊心也渴望得到父母的呵护和尊重。可是生活中我们时常会看到一些父母越是在人多的时候越是会当着孩子的面数落他们的不是，而且越说越兴奋，越说越上瘾，而这个时候的孩子真是一脸的忧伤和无奈。问及原因，那些父母还不以为然：“我就是要让他在人前好好地现现眼，让他知道不改掉自己的坏毛病就会受到别人的讥笑。怕我说就改啊。”真不知道孩子幼小的心灵经受了多少次这样人前奚落的洗礼。

一位老师曾经回忆起这样一件事：

有一天课间听到两个男生在讨论自己的父母。

小男孩儿A说：“我的爸爸妈妈可好了，每次见到有朋友来都会夸我懂事聪明，还让我给大家表演节目。所以我特别喜欢家里有人来，不但有好吃的，而且还能受到爸妈的夸奖，那种感觉棒极了。”

小男孩儿B叹了口气，一脸羡慕地说：“哎！我真羡慕你啊，如果我有你这样的父母就好了，我的爸妈跟你爸妈正好相反，越是有外人来越会在人前奚落我的不好，有的时候被他们说得一无是处，还不能显露出不高兴来，否则会说得更起劲儿，什么不谦虚啊，不听话啊。我特别害怕家里有人来，有人来就意味着我的噩梦降临了。”

小男孩儿A：“啊？不会吧！有那么严重吗？”

小男孩儿B：“有！怎么没有？有时候我气急了就有一种冲动想爆发，把他们的坏毛病也在有人的时候公之于众，他们不尊重我，我也不尊重他们，总之谁也别好过。”

小男孩儿A：“你可千万别这样，到时候你爸妈该打你了。”

小男孩儿B：“打就打呗，脸都被他们给揭了，还怕挨打啊。”

看了这样的对话，作为家长的你有什么想法呢？两个年龄相仿的孩子，不同的家庭环境，谁会活得比较幸福呢？假如用心观察，细致对比就会发现，人前为孩子保留面子的家长要比人前奚落孩子的家长更容易受到孩子的尊重，其教导也更容易让孩子接受。长此以往，一个在充满良好氛围的家庭长大的孩子必然会比一个经常备受奚落的孩子成长得更健康，更快乐。

其实，这个世界上没有一个男孩子是完美的，作为家长指正他们的错误无可厚非，但一定要注意方式方法，不能伤害孩子的自尊。可以找孩子单独交流，并告诉他如果不加以改正，未来让别人看到会有怎样的不良后果。然后我们可以温柔地拍拍他们的头说：“幸好这次是被爸爸妈妈看到了，这里没有外人只有我们仨。”而孩子一旦意识到家长的良苦用心必定会对爸爸妈妈感激不尽。这样，既保住了孩子小小的自尊，又能使孩子主动改正自己的错误，何乐而不为呢。

每一点进步都应获得真诚的喝彩

这一天学校展开了一场橄榄球比赛，比赛结束后，一个十几岁的男孩儿蹦蹦跳跳地跑到爸爸面前说："爸爸，你在台上看到我在底线得分的那个球了吗？我们教练说那简直棒极了。"可站在一旁的爸爸却并不买账，只是站在一旁冷冷地说："真搞不懂你，怎么可以在四分之三位丢一个球呢？这是多么弱智的错误，要我看你以后应该多练习接球和拦截，要老出现这样的错误是很丢人的。"

一听父亲这么说，男孩儿刚才还开开心心的，顿时暗淡下来，本来边走边说的父子，一下子拉开了距离，最后变成父亲在前面走，男孩儿一个人垂头丧气耷拉着脑袋在后面走。

作为家长这么说，无非是希望儿子能做得更好，可是却在表达方式上出了问题。不但没有对儿子的努力给予肯定和赞美，还在某种程度上贬抑了孩子的长处和才华，以至于最终伤害了孩子积极进取的心灵。可以想象，孩子在面对爸妈一脸不屑神情的时候，内心该有多么的痛苦和失落。长此以往下去，孩子会觉得爸爸对自己太过苛刻，从他那里很难获得鼓励与帮助，因而渐渐与父亲产生隔阂，关闭了原本向他敞开的心灵之窗，并一点点地将爸爸排除在自己的思想与生活之外。

作为父母，或许你会认为这个时候是对孩子严格要求、树立威信的最佳时期，只有这样才能让孩子更加优秀，而事实上假如孩子所付出的努力并没有及时得到你的认可，其幼小的心灵必然会遭受莫大的挫败感。他会搞不明白为什么自己已经很努力，爸爸妈妈还是看不到他进步的一面。最终经历了几次类似的打击，很多孩子会变得无比失落，甚至破罐破摔再也没有继续努力的勇气。

还有些父母觉得，孩子无非是做好了一件小事，这么小的事情有什么好喝彩的。但是他们忽略了一件事，所有的成功都是通过一件件小事的努力而最终成就的。所以面对孩子每天的努力，不要认为那仅仅是他们分内的事情。因为作为成年人我们应该知道，生活在这个世界上有许许多多事情都是所谓的分内事，但还是有许多人做不好，更何况孩子还仅仅是一个孩子。你认为微不足道的事情，很可能是他花了很大努力才做到，并积极地渴望得到你的认同的。因此，我们每一位家长，都要擦亮自己的眼睛，发现并肯定孩子一点一滴的进步，并运用我们的爱心和智慧，给予他们最真诚的喝彩，告诉他们爸爸妈妈从来都没有变，永远是那个陪你一起成长，惊喜你的惊喜，快乐你的快乐的知心朋友。我们会把你的每一点进步都放在心里，作为最珍贵的财富保存到永远……

做儿子的忠实粉丝

“明天就是朗诵比赛，我该怎么办？会不会冷场？下面的同学会不会因为我忘词而哄堂大笑？”十岁的东东，一边拿着演讲词一边紧张万分。这是他第一次参加公开的演讲活动。

妈妈：“不要着急，放轻松，就像你以前在爸妈面前练习时那样，你已经练得非常好了。”

东东：“可我还是害怕。”

妈妈：“教你一个方法，上场以后先静静地做一个深呼吸，然后努力把眼前的观众屏蔽，剩下的只有爸爸妈妈，就像跟爸爸妈妈表演那样，就不会有一点问题，因为我们是你的忠实粉丝，不管出现什么情况。”

“那明天你们会来吗？”

“当然来，这么重要的时刻我们怎么能不在你身边？我们会努力坐在最显眼的地方让你看到，为你加油打气，如果恰好在正中央，你就可以看着我们演讲了，哈哈！”

听妈妈一说，东东的紧张情绪缓解多了。

第二天爸爸妈妈坐在了台下正中央的位置，而东东发挥得非常精彩，最终获得了一等奖。

看了这简单的对话，我们是不是被这对母子之间的亲情所感动呢？

回想一下，孩子咿咿呀呀学说话时，你忠实地陪在他身边与他不断交流，猜想着他的意思；孩子拿着绘本、看着画面给你讲故事时，尽管他讲得磕磕绊绊还有逻辑错误，而你怀着兴奋之情听得津津有味；当他在你面前快乐地扭动舞姿时，你根本不会觉得他的动作不标准，而是全情投入感受着和他一样的愉悦。是啊，爸爸妈妈虽然不是什么追星族，却可以成为儿子成长路上的忠实粉丝。见证孩子的成长，欢喜孩子的努力，肯定孩子的进步。而对孩子而言，这是一种莫大的支持。因为他知道，不管自己在哪里，在做什么，身后都会有两个老粉丝力挺他支持他，所以一路走来，他永远也不会寂寞。

所以，为了儿子的健康成长，做他一辈子的粉丝，让他知道爸妈永远以他为荣。

“儿子你真乖”“儿子你棒极了”，这是很多父母常常夸奖孩子的话。可是，有时候孩子并不知道爸爸妈妈为什么突然说出这样的话，当然也就无从谈起自己好在哪里。所以这里要说的是，真正的赞美是要讲究技术的，给孩子行之有效的赞美才是真正智慧的赞美。

那么怎么赞美才能对孩子更加行之有效呢？看看下面的一些建议，希望能够对爸爸妈妈有所帮助：

1. 先肯定后建议式赞美

我们都知道孩子是不完美的，很多时候他们自己觉得很不错，但在我们父母眼中表现却是差强人意，这个时候先不要急着否定，而是先采取肯定式的暗示：“儿子表现得很不错，但假如我们能这样做效果就更棒了。”“现在已经很好了，但爸妈觉得要是我们宝宝能在此基础上，再上一个台阶就更好啦。”这样一来，孩子在今后的行动中势必就会下意识地做得更好。

2. 百分百相信式赞美

面对孩子出现的一些问题，与其批评伤害他们的自尊心，不如采取另外一种信任式赞美法来解决问题，比如孩子贪玩，聪明的父母可以这样说：“我家的儿子，肯定是学习用功的，不做完作业怎么能出去玩儿？宝贝肯定是先认真做完作业再痛痛快快玩儿，对不对？”听到父母这样的鼓励和赞美，孩子就会准确接收到这样的信号：“哦，妈妈在告诉我，先写作业再去玩儿是好孩子该做的事儿，而且妈妈是那么信任我。”那么在他之后的行为上，肯定会有所改变的。

3. 目标明确性赞美

目标明确赞美，就是父母在夸奖孩子的时候开门见山，让孩子一下就明白父母为什么夸奖他。例如儿子上医院打针没有哭，爸妈就应该立刻给予夸奖：“我家儿子真勇敢，那么多小朋友都哭了，我们儿子一滴眼泪都没掉，真棒！”这时候孩子就会收到信息：“哦，爸妈认为我这样做是很勇敢的，以后我要继续坚持。”时间一长，这个好行为就在孩子身上根深蒂固了。

第六章

把握尺度：好动也得有分寸

好奇和好动是男孩儿的天性，他们常常会在户外跑跳，做着父母不能理解的游戏，他们会把客厅当作自己的游乐场，一个不留神家里就会天翻地覆，一片狼藉。这个时候作为父母的我们是应该包容还是应该教育呢？好动好奇没有错，但把握“分寸感”也很重要。什么事情一过了度，再美好的初衷，也会因为丧失了控制能力而变得越来越糟糕。

不做网络奴隶，和孩子一起网上冲浪

现在的孩子，每天24小时可以有5个小时以上趴在电脑面前，或捧着手机搜索着各种各样的视频、动画。而很多家长，因为忙碌于生活琐事和工作，也觉得把孩子交给互联网是一个最好的安排，理由也很充分："在上面他们可以自主学习，找到自己需要的知识。"可他们忽略了一个重要的问题：孩子还没有辨别是非的能力，很容易受到各种画面的吸引和干扰。

电视上曾经有一个专题报道：有一个男孩儿因为长期偷偷地浏览大量的黄色网站，使身体过早地出现了遗精问题。而爸妈一点都不知道此事，直到事情严重到儿子住进医院后才知道了实情。但医院最终的诊断是，孩子需要进行长时间的住院治疗，包括心理调理。这无疑给孩子未来的人生，罩上了一层挥之不去的阴影。

前段时间听一个朋友说，家里的儿子越来越像个小大人了，说出来的话根本就不像是出自他本来的年龄水平。于是问他儿子说了什么，他还洋洋得意地说："我儿子说世界是复杂的，人生犹如毒蛇缠身，要想治住毒蛇，自己先要成为毒蛇……"我听完这话，身上立刻惊出一身冷汗。小孩子的世界应该是阳光明媚的，怎么一下子就跟毒蛇联系在一起？而且还要把自己变成毒蛇？

于是，我间接地问了朋友孩子最近都看了什么，怎么会有这样的感慨。朋友回答说："我的儿子爱网游，特别喜欢谍战剧。"听了这话，我马上提醒朋友，不能放任孩子这样的行为，否则很容易受到负能量的侵害。

所以面对当下互联网时代中鱼龙混杂的信息，作为父母在教育孩子方面可以利用它，但为了孩子的身心健康，一定要采取必要的措施。首先要做好以下几件事：

1. 选择专用的儿童笔记本电脑

目前市场上有很多儿童笔记本电脑，里面不但设计了很多课程，也设计了很多适合孩子年龄段的游戏项目。假如觉得没有必要，懂行的家长可为孩子设计一台专用电脑，卸载一切不必要的软件，尽可能地给孩子创造一个更为干净的操作平台。这样孩子在使用的时候，就可以很好地规避很多不良的信息，有利于他的身心健康。

2. 陪伴孩子用电脑

如今的网络真的可以称得上“复杂”二字，你不知道点到哪里就会出现一些不愿看到的画面，每到这个时候，妈妈就可以果断地采取措施，尽量地保护孩子的思想和眼睛，或及时告诉孩子应对和预防视觉冲击的方法，让整个网上冲浪充满安全感。

3. 限定上网时间和区域范围

家长可以提前搜索网页，为孩子选择几个适合孩子身心健康的经典网站，并要求孩子只允许在这几个网站进行游戏和学习，并限制好孩子上网的时间，最好每次上网不要超过一个小时，而每半个小时要进行适度的休息，必要时对上网权限和时间设定相关的程序。这样才更有利于孩子的身心健康。

总而言之，怎样教会孩子利用网络而不是成为网络的奴隶，将必然成为摆在我们面前的难题。所以控制好孩子与网络之间的每一个细节吧，这样他们才能真正从中收获属于自己的东西。

家里没有“小霸王”

曾经有一位父亲谈起了自以为有趣的一件事：

为了家人能过得更舒适，这位父亲买了一套更大的房子，不但有宽敞的客厅，还有孩子的一个不小的房间。这时候父亲跟儿子商量，能不能把家里以前的小电视安放在他房间。可是儿子却撅起嘴说：“我要看大电视，为什么不把大电视放在我的房间。”

“因为你是小朋友啊，小朋友就应该看小电视。”爸爸说。

“胡说，小朋友应该看大电视，大朋友才应该看小电视。”

“你怎么那么霸道啊！”爸爸笑着说。

儿子插着小腰，跳起来说：“我就是这么霸道，我是超级小霸王。哼！”

听了这位父亲讲的笑话，心里却根本笑不起来。现在的孩子都是父母的掌上明珠，或许因为从小父母对他们太好，什么都顺着、宠着，总是把最好的东西留给孩子，所以很多孩子心里就把这一切看成是理所当然的事情。而对于自己所在的家庭，他们更是在行为上肆无忌惮，甚至常常对身边的大人吆五喝六，宛如一个受人供养的小皇帝。正如上面例子所看到的，假如家长对孩子这样的行为视而不见不加制止，那么今后当他真正长大成人，言谈举止之间必然会暴露这一弱点。别人会觉得这种人不合群，很难交往，甚至还有可能觉得他有失教养，而对于我们父母而言，那个时候再想纠正他的毛病，恐怕已经为时过晚。想象一下未来那可怕的一幕吧，那时候自己已经年近花甲，而自己的儿子长大成人却还在对自己吆五喝六，那种感觉真的还会觉得有趣吗？古人有句话："三岁看老。"假如我们真的从这个点上看到了将来，就应该从现在开始提起高度的重视，将孩子"小霸王"的心理彻底扼杀在摇篮里。

儿子："爸爸，给我倒杯水。"

爸爸："你自己不可以吗？

儿子："没看我正忙着吗？我在为赛车组装最后的插件。"

爸爸："那你真的忙到连倒一杯水的时间都没有了吗？自己的事情自己做，你要真的忙，忙完了自己再倒水喝吧。"

儿子："你怎么这样啊？不就是倒杯水吗？"

爸爸："我养你这么大，应该是你给我倒水喝才对。"

儿子："真是的，怎么这么烦啊。"

爸爸："现在不给你倒水就烦啦？你小时候哭得稀里哗啦不让人睡觉，动不动就尿床还得帮你洗来洗去，我烦了吗？我要烦的话，你能长这么大吗？"

房间里一片寂静，儿子沉默了……

通过这段例子，我们再次看到了一个"小霸王"式的孩子对爸爸提出的要求，并且没有丝毫的客气。是啊，孩子的意识养成往往就在生活的细节里。你不告诉他，他就永远不知道。很多父母觉得，养育孩子就是给予他们全部的爱，是天经地义的。但是作为孩子，他们对自己小时候的事情并没有太多的记忆，而打自己有记忆起，就有一对父母在对他的所有事宜进行管理，很多事情都用不着自己操心，便天经地义地把爸爸妈妈看成了自己的佣人和保姆，没有一点感恩意识。这个时候，一定要及时地对他们进行提醒，告诉他们事实并不是他们想象的那样，他们必然会对自己的行为有所收敛。

谁不希望自己未来的孩子是一个知书达理、行为优雅、懂得孝悌的人呢？假如真的想让他们成为自己心目中满意的样子，就从现在起收起自己的纵容，告诉他们，这个家不允许“小霸王”的出现，相信经过几次这样的妥善处理，孩子在意识上就会做出改变，因为他们知道，再用那套霸道的方式处理问题是行不通的。

所以作为父母，在顺应孩子这件事情上一定要把握好尺度，可以和蔼可亲，但不能失去原则。切记切记，不要因为自己一时的溺爱让孩子在误区中成长。

好动不能出格

调皮好动，是很多男孩子的天性。但很多孩子在玩儿的过程中，是很难把握好度的。一旦玩儿上了头，就会不管不顾，甚至对身边的一些危险置若罔闻，以至于干出很多出格的事儿来，让事后知道情况的父母很是后怕。

多多带着一身伤走进家门。看到他这副模样，妈妈惊恐地跑到他身边，急忙问："出了什么事？"

多多不屑地说："我和几个同学玩儿骑马打仗，结果一下子打到鹏鹏的眼睛了，他一生气，把我从另一个同学身上拉下就打。我也生气了，就跟他打起架来，后来两拨同学也打起来了。幸好老师发现了才把我们劝开，我就成了这个样子。"

妈妈一边看伤一边说："你也是，怎么能玩儿这样的游戏呢？万一打坏了，你知道会有什么后果吗？"

多多一脸不在乎："不就是玩儿吗？下课好多男同学都玩儿这个游戏……"

听了多多的陈述，作为家长，我们是不是也为这种玩法惊出一身冷汗啊？

曾经有个家长就发出过这样的感慨：

“这男孩子玩儿啊，真的没谱，刚到一起的时候玩儿得挺好的，但玩儿着玩儿着就不是他们了。越玩儿越没边儿，出不了一个小时就得打起来，一个说他推我了，一个说他拿我玩具了，总之俩人一下子就从玩伴变成仇人了。可你要真跟他说；‘别玩儿了，回家。’他还不干，没准儿一会儿俩人又开始玩上了，但没玩儿一会儿又出现问题了。真是搞不懂啊。”

或许这就是孩子的天性，但作为家长，当我们面对那些“出格”迹象的时候千万要提高警觉，给予及时地制止，并告诉孩子其中的利害关系，这样孩子才会意识到事情的危险程度，在之后的玩耍中留心注意。

一次妈妈做晚饭，回头发现身边的达达正在把小纸片伸进炉灶的火中玩耍，一点也没有意识到这是一件危险的事情。

于是妈妈立刻熄灭了灶台，严厉地批评道：“达达，你知道这样玩有多危险吗？”

达达一脸不屑地说：“不就是玩儿一下吗？至于吗？你就是找茬说我吧。”

妈妈皱起眉头严肃地说：“你这样做万一把身边的易燃物烧着了怎么办？整个房间都会着火的，到时候你想跑都跑不出去。”

达达一惊，小嘴嘟囔着：“有这么严重吗？不就是一个小纸片吗？”

“怎么不严重，妈妈听说有一个小孩儿自己在家玩火，点着了家里的毛毯，结果火苗子一下蹿起来了，他吓坏了。因为家里没人，他也不知道怎么办。后来火苗把电视机烧爆炸了，一下子崩到他脸上，被救出来的时候身上脸上都被烧伤，医生说即便治好也不能恢复原貌了，你说这怎么办？危险不危险？还算好，捡了一条命。”

听了妈妈的话，达达满脸恐惧，他已经知道了事情的严重性，以后再也没有这么做过。

有些事情孩子不可能意识到危险，父母一定要制止这些“出格”的事情向更严重的方向发展。这种抑制“出格”教育对孩子是非常重要的，它可以让孩子在今后的生活中思虑更周全，行为更谨慎。要告诉他们好动不等于“出格”，不管到什么时候，能把握好分寸的人，总是在人群中最富有智慧的那一个。

捣乱并不是英雄之举

曾经有个家长在留言中描述自己儿子这样的表现：

以前我家儿子小T可乖了，让干嘛干嘛，学习也相当出色。可当他到了二年级的时候，他同桌的家长首先找到了我，说小T上课老是影响同学学习。一会儿趁同学不注意在人家书上画小人儿，一会儿见人家听讲就拍人肩膀，还装作若无其事地说："我没有啊！"一次两次人家就忍了，可这回人家同学上课回答问题，他却偷偷把人家凳子移开了，那孩子一下摔了个屁墩儿，人家孩子的家长就不干了。我连忙急着赔不是，回来问小T，他一脸不屑，说是那位同学自己太笨，好像自己是个英雄。

哎！这祸闯完了，老师又打电话来了，说小T上课的时候特别爱出洋相，老师在黑板上写字，他会突然发出一声怪叫，老师一回头，他就像若无其事一样好像听讲很认真。有一次老师写板书，他还朝着老师后背扔粉笔头，被老师抓了个正着。问他为什么这么做，他满不在乎地一声不吭。这让老师很生气。

老师说小T平时的成绩很好，不知道为什么会有这种恶癖，如果他再这样影响全班同学上课的话，就准备停他的课，什么时候自己不再影响同学了再回来。

听了这话，我急出了一身冷汗，这可怎么办？于是放学狠狠地批评了儿子，谁知道他好像对他的行为感觉不到任何过错。问他为什么这么做，他的回答也很直接："就是觉得很好玩儿。"

有这样的儿子真让人着急，我该怎么办啊？

看了这位家长的叙述，我们不难看出其中最严重的一点是，小T有了错误的"英雄情结"，开始以捣乱为勇敢了。

男孩儿到了一定的年龄，就会升起一种渴望得到重视的心，为此他们会想出各种方法，正向的是好好学习，而逆向的就是调皮捣蛋。这个年龄段的孩子对好坏并没有深刻的概念，以至于有时候觉得自己做点捣乱的事儿会很过瘾。其实这种心理很多成年人也有，就好像有人说："不知道为什么，做点小坏事儿怎么那么开心。"只不过成年的我们可以把它控制得很好，没有让它发作而已。而在孩子的年龄则不然，他们没有良好的自控能力，会觉得通过捣乱获得别人的重视是一件很好玩儿的事情。

那么如何解决这个问题呢？首先我们要让孩子知道，他这样的捣乱行为并不能得到别人的重视，而是会遭来更多人的讨厌和疏远。讲到这里，突然想起有一位妈妈在面对孩子上课捣乱问题时是这么处理的。

当妈妈知道孩子又在学校捣乱以后，接他回家的路上就始终没与儿子说一句话，回家仍然用这种方法冷处理，即便是他问："妈妈晚上吃什么啊？"也对孩子的话不予理会。这个时候孩子一下子不知所措了，他生气地跑进房间，本以为这样妈妈会进来找自己，可这位妈妈还是不以为然地在门外做着自己的事情，好像家里只有她一个人，而儿子根本不存在。

几个小时过去了，儿子终于缴械投降："妈妈我饿了，做饭吧。""捣乱的孩子也知道饿啊。"妈妈一脸轻视地回答："在我看来但凡是捣乱的人都是不受人尊重的，你不去尊重别人，我凭什么尊重你啊。"儿子皱起眉头说："不就是捣了一下乱吗？至于你半天不跟我说话吗？”“今天捣小乱，明天捣大乱，有的人就是这么一点点养成的坏习惯，之后长大了闯祸成瘾，进了监狱，那时候妈妈想理你警察叔叔也不会让我进去，你知道监狱里的日子多难熬吗？”

儿子一听低下了头。看着儿子有悔改的意思，妈妈的言辞温和了很多：“好了吃饭吧！你要记住，捣乱者不是英雄，如果你总是影响身边的人，终归有一天没有任何一个人会愿意跟你说话，更别提帮助你了，到那个时候不是很可悲吗？”

儿子点点头，以后再也没有在上课的时候捣乱。

孩子是需要引导教育的，有些时候适时地冷处理也是一种必要的措施，对于孩子而言，一旦他明白捣乱并不能引起周围人的足够重视，而且还会给自己带来更多麻烦的时候，一定会很快地调整自己的行为。这个时候家长就是孩子最好的引导者，让孩子知道捣乱的危害，及时把他从危险引向安全，这才是我们作为孩子导航人最明智的选择。

男孩儿有攻击性行为怎么办

这天男孩儿小 Q 和男孩儿小 G 一起在沙土堆前玩儿沙子。起初两个孩子团结协作玩儿得很开心，可没多长时间就出现了情况。

小 Q 很想用小 G 的小铁铲，于是上去就拿，而且嘴里还念叨着："这是我的。"

一听这话小 G 就不干了："怎么是你的呢？这明明是妈妈给我买的。"

"那给我用一下不行吗？"

"不行，根本就不是你的。"小 G 一边说一边把小铁铲拿在手里。

谁知道这时候小 Q 一下火冒三丈，一气之下把小 G 好不容易用沙子堆起来的城堡踢塌了，还在塌了的城堡上使劲地踩，一边踩一边说："让你不给我，让你不给我。"

一座自己心爱的城堡被踩塌，小 G 又愤怒又难过。他拿起铁铲照着小 Q 的头就是一下，于是两个小男孩儿开始反目成仇在沙土堆里扭打起来。

上面小 Q 的行为就是我们所熟悉的儿童攻击性行为，一旦什么事情让自己不开心，怒气就会像火一样喷出来，而这个时候也是他们破坏力最强的时候。很多男孩儿在自己生气以后根本不管不顾，随着体格的强健，他们便开始有意无意地用武力解决问题。这种攻击性不仅仅局限于与他同龄的孩子，有些时候当家中大人不能满足他的要求时，他们也会用同样的方法来对待父母老人。因此，一旦男孩儿有了这样的攻击性行为，作为父母的我们就应该提起高度重视，否则一旦这种行为变成了习惯，孩子养成了一种冲动性的性格，对于他的未来将会产生诸多不利的影响。

那么面对这样的问题我们该怎么办呢？首先作为家长我们第一件事儿就应该告诉孩子，愤怒是多么可怕，会引发多少本来可以避免的问题。对别人实施攻击性行为对自己是多么的不利，而假如自己一味地去顺应这种恶习在未来会产生什么样的后果。如果我们善于巧妙地引导能够让孩子提起足够的重视，他就一定会下意识地有所收敛，在关键时刻抑制自我，不再出现类似的问题。

一次波波生气地回到家，告诉正在看报纸的爸爸："我以后再也不跟君君玩儿了。哼！"

爸爸问："怎么了？你和君君不是好朋友吗？"

波波说："今天上劳动课，我只不过是想借他尺子用一下，结果他说什么也不肯。我一生气就推了他一下，他急了，上来又给了我一下，结果我们俩在课堂上就打起来了。"

爸爸听了继续问："那后来呢？"

波波愤愤地说："后来被老师劝到位子上了呗，君君说以后再也不跟我玩儿了，哼，谁稀罕跟这样一个抠门大仙玩儿啊。"

"哦！那我也躲你远点吧。"爸爸故作紧张地说。

"怎么了？"波波一脸疑惑。

爸爸继续故作害怕地说："万一有一天我不答应你什么事情惹得你生气，你还不也动手打我啊？"

波波一听这话，有点着急，半撒娇地说："爸爸……"

可爸爸并不买账地说："别叫我，我害怕你。"

波波疑惑地问："为什么？"

这时爸爸故作深沉地说："想知道吗？除非你向我保证以后再也不随便向小朋友发脾气了。"

波波很勉强地说："嗯……好吧。"

于是爸爸正了正身，很认真地对波波说："波波，君子一言驷马难追啊，算我相信你。你想想你这么生气地打别人，就会激起别人的愤怒，用同样的方式来对付你，或是一直把这件事记在心里，以后见面谁也不理谁会不会很不舒服。假如你在自己的生活中因为愤怒，得罪了好几个小朋友，人家谁还会跟你玩儿。而那些你没有得罪的小朋友，会不会因为你爱打人而怕你，最后也不愿意跟你玩儿？时间一长你还有什么朋友，这样的孤独会不会很可怕？而这一切都是因为你爱向别人发脾气造成的。"

波波听了低下头。

看着儿子有认错的意思，爸爸继续说："所以爸爸那个时候听了也怕你了啊，万一有一天爸爸老了，没做到你的要求，你一生气也打我，我该有多么难过啊。所以波波，要想让别人怎么对你，就应该怎么去对别人。不要动不动就因为一点小事就跟别人闹矛盾，这样得不偿失，最后毁的是自己。这又何苦呢？难道你不喜欢身边都是愿意和你玩儿的好朋友吗？"

听了这话，波波若有所悟，在爸爸的帮助下，波波向君君真诚道歉，两人和好如初。

很显然，波波的爸爸是富有智慧的，面对儿子的攻击性行为，晓之以情动之以理，没有打骂就顺利地落实了教育目的。由此看来，真正的教育是需要让孩子自己意识到问题的严重性的。面对儿子的攻击性行为，再多的指责不如让他自己明白后果的严重，这样他才会在之后的日子里妥善抑制，时刻把爸妈的引导记在心上。

帮孩子找到最恰当的发泄方式

男孩儿A："学学学，总是学，我都快成学习机器了，难道就不能让我休息一下吗？"

男孩儿B："别管父母那一套了，该玩儿玩儿，你看我，尽管给我报了那么多班，我该怎么样还怎么样，实在不行我就在上课的时候玩儿一会儿，反正他们也不在。"

男孩儿A："可是老师会告状啊。"

男孩儿B："那就没有办法了，谁让我倒霉呢？哎，咱们加个联系方式吧，回头上课的时候连线打游戏怎么样？"

男孩儿A："行！"

看到这样的对话，作为家长的你是不是快把鼻子气歪了啊！这时候你一定想，花了这么多钱让你在这里好好学习，你却背着我在课上玩儿游戏，枉费了我们辛辛苦苦地为你努力赚钱，累成这样还得给你做饭，你怎么好意思这样对我？可是有没有想到，孩子为什么会这样？主要还是因为过多的压力让他们根本喘不过气来，面对铺天盖地的学习任务，小小的他们会不会也因为过分劳累而晕头转向？会不会也因为看不到成绩而垂头丧气？会不会也因为没有玩儿的时间而抱怨生气？肯定，孩子也是人，从他们的视角而言，每天面对的除了老师谆谆教诲的："学习很重要。"就是父母千篇一律的询问："想吃什么？""最近学校考试没有？"有些时候本来想说些新鲜事儿，却没说两句又被父母转到了学习问题。试着想想假如我们是孩子，内心情绪是不是也会因此而出现问题呢？

为此，一位老师针对中国孩子的教育问题曾发出这样的感慨："在这个竞争激烈的时代，很多家长为了不让孩子输在起跑线上，给孩子报了各种各样的培训班，而孩子在学校的学业本身就负担很重，再加上这些特殊培养，经常会透不过气来。而这个时候的男孩子正是处在好动的阶段，假如一味地让他们处在这样无休止的学习中，时间长了，必然会影响到他们的情绪。很可能会采取不良的发泄渠道。"

由此，我们不难看出，当下的孩子们似乎都缺少一个正确的宣泄渠道，这个渠道可以让他们在进行正常发泄以后忘记内心诸多的压力和不快乐，以更饱满的状态迎接明天的一切。而这对于孩子的成长来说要比多少个培训班，多少道数学题来得更有意义。

那么究竟怎样能够帮助孩子进行良好的自我宣泄呢？看看下面的建议，希望能对广大家长有所帮助：

1. 每天一小时，给孩子自由锻炼的时间

每天给孩子一个小时的自由运动时间，家长可以陪着儿子到楼下跳跳绳，或是打打羽毛球，再不行就带着孩子一起去跑跑圈儿。这个时候孩子的情绪会随着汗液的流出而宣泄出来，心情会在运动之后开朗很多。

2. 与孩子定期交流

随着孩子年龄的增长，会有很多问题压抑在自己的心里，比如学习、生活甚至是人际关系。这个时候父母可以做孩子最佳的倾听者，和他一起分享所见所闻，或者给他宣泄不满的机会，能让他把心里的不满情绪全部都宣泄出来，这个时候孩子一定会感到心情开阔，不至于有那么多的痛苦憋在心里。而家长也能够准确地了解孩子目前所遇到的问题。

3. 举办定期郊游活动

定期的家庭郊游就是一个不错的方式。让孩子看看山山水水，了解一下外面世界的风土人情。当他们将心灵贴近大自然的时候，身心就会得到一种彻底的放松和喜悦，这又何尝不是一种良好的自我调整和宣泄。站在高高的山上，喊出自己的声音，身心一下子就痛快了。

第七章

果断拒绝：冷处理，拒绝男孩儿的无理要求

随着年龄的增长，男孩儿会有很多很多的要求，小到要你给他买心爱的玩具，大到要你帮他完成老师布置给他的家庭作业。当然，说不定还会有更多令你难以容忍的无理要求，如果这个时候还一味地顺从，不采取一定措施让他悬崖勒马，问题就会愈演愈烈。所以，深吸一口气，是时候惩治惩治这个贪得无厌的小家伙了，只有如此，才能让他在未来的人生道路上学会自律，把握分寸。

儿子你知道吗？惯着你就等于伤害你

涛涛：“妈妈我想吃冰棍！”

妈妈：“不行，天凉，会闹肚子的。”

涛涛：“没事儿，就一根，我同学的妈妈都让吃。”

妈妈：“那也不行。以后会落病的。太凉了。”

涛涛：“哎呀，妈妈，求求你了，就一次，我想尝尝嘛！”

妈妈：“不行就是不行。”

涛涛看说服妈妈不行，就自己径直跑到小卖部，和小卖部的叔叔说了几句，拿了冰棍就走，妈妈一看喊道：“涛涛你干什么？你兜里有钱吗？”

这时候小卖部的叔叔笑嘻嘻地走出来说：“孩子说妈妈在后面，会给他付款的。”

妈妈这个时候皱起眉头，却又急忙陪着笑脸，一边付钱，一边向涛涛喊：“你这孩子，下不为例啊。”

如今的孩子比起父辈来说要幸福很多，花花世界总是会有让他们感到无比新奇的事情，食品、玩具更是琳琅满目，不断地吸引着他们的眼球。而孩子这个时候手里是没钱的，但为了能够拥有他们渴望的东西，就开始以各种方式向他们的“财务部长”——爸爸妈妈要。面对孩子的苦苦哀求，很多父母都会心软。

毕竟孩子是自己生的，奋斗一辈子不都是为他吗？要求提出来了，能满足就满足吧。

曾经有个父亲就发出这样的感慨：“那时候，家里条件不好，自己看着别的小朋友有玩具玩儿，有零食吃，心里那个羡慕啊。如今我成年了，条件也好了，真的不想让自己的儿子跟那个时候的自己一样，所以只要他提出要求，我能满足他的都会尽量满足他，希望他能有一个快乐的童年。”

听了这样的话，首先内心真的非常感动，但同时凭着理性的分析又不得不提出不同的意见。那就是作为父母，您确定孩子要求的东西都是他真正需要的吗？您确定这些东西真的有利于孩子的身体健康吗？其次，也是最重要的一点，一味地娇惯孩子，什么条件都答应，这对于他未来的成长真的有帮助吗？

事实证明，很多被家长娇惯的孩子，在之后的成长中都出现了各种各样的问题，这里就列举几个孩子的表现，希望广大父母有所借鉴：

1. 身体损伤

亮亮家庭很富裕，手里的零花钱也很多，平时经常缠着父母要零食吃，从来不喝白开水，全部都是外面买的各种饮料，结果小小年纪就成了小胖墩，经过体检发现，亮亮身体很多项功能都很差，如果再这样下去，很可能还会有更进一步的病变。这时候父母才意识到一味地娇惯孩子，顺着孩子吃这吃那，原来是害了孩子。

2. 花钱无度

小凯的父母都是普通工人，收入不高，但对儿子却很大方，每次小凯要钱爸爸妈妈都不含糊。直接导致这个男孩儿金钱意识的薄弱，觉得钱来得太容易，经常拿着手里的钱找同学海吃海喝，成群结队地到网吧里消费。结果父母突然有一天收到网吧老板的账单，大吃一惊，这才知道儿子在网吧已经欠下了5000块钱的外债。当父母问儿子怎么回事的时候，小凯一脸无所谓：“不就是钱吗？你们补上不就得了。”

3. 霸道无理

丁丁的爸爸妈妈非常疼他，但凡丁丁喜欢的东西，还没说出来，父母就已经送到了他身边。所以丁丁从小就很霸道，觉得所有人都应该像父母一样这么对他。一次丁丁和同学一起去小卖部，一摸兜里没带钱，便用命令的口吻说：“我想吃板筋，给我买一个。”同学莫名其妙，说：“我凭什么给你买啊，还这么命令我，你以为你是谁啊？”这话一下子激怒了丁丁，于是上去就给了同学一个耳光，同学哭着找到老师，丁丁还一脸不屑地说：“谁让他不给我买吃的。”

诸如此类的问题还有很多很多，由此看来，作为家长我们不能不提起高度重视，看看膝下的儿子，他还这么小，过分的溺爱只能让他们在意识上出现偏差，极度地影响他们的身心健康。尽管这个世界上父母的爱是无私的，但这种爱并不意味着放纵和溺爱。所以从今天起，学会拒绝孩子的无理要求吧，做一个有智慧的家长。

聪明爸妈不会被孩子的哭闹牵着鼻子走

从孩子呱呱坠地的那一天起，一个响亮的哭声，开启了他的人生历程，因为听见了哭声，妈妈笑了；因为听见了哭声，一家人都放心了；因为有了哭声，孩子突然觉得自己获得无尽的关心和爱了。从那以后，他习惯性地用哭声汇报自己的需要，而每当哭声响起的时候必然会得到他想要的一切。

时光流逝，曾经的小婴儿长成了能跑能跳的大孩子，但是这种哭泣就能得到爱的心理却在他们的内心根深蒂固。慢慢的很多孩子意识到，哭泣是一种要挟父母的有利工具，只要自己一哭，什么错误都可以跟着烟消云散；只要自己一哭，想要做的事情就能称心如愿。所以对他们来说，哭闹实在是一件太好使的工具，立刻就可以让父母折服。既然一切都这么容易，为什么自己不用呢？

可是作为父母，我们应该知道，这个世界是不相信眼泪的。尽管现在自己能为儿子遮风挡雨、保驾护航，但是当他真正长大成人步入社会的时候，不管哭成什么样子，别人都不会买账，更不会对他所提出的要求做出任何回应。相反他所获得的，只有别人的嘲笑、冷漠和不屑一顾的神情。试想一下假如那个时候孩子才意识到哭闹对自己造成的伤害，是不是已经为时过晚了呢？

或许这个时候有些爸妈会说："可是，可是孩子还小啊？"没错，正因为还小才应该让他意识到用哭闹的方式要挟，并不能得到他想要的东西，相反他还很可能因此失去更多。聪明的爸妈从来都是在孩子面前占有灵活的主动权，他们知道孩子真正需要什么，而且从来不会被孩子的哭闹牵着鼻子走。

一次妈妈送雄雄去参加数学培训班，可雄雄说什么也不想去，吵着让妈妈带他去动物园。但妈妈始终态度坚决。

于是在车站，雄雄和妈妈发生了口角，他一屁股坐在地上大哭了起来："人家孩子周末都被父母带到公园里去玩，你非得让我上什么破培训班，我才不去呢！我要去动物园，要去动物园。"

雄雄的哭声越来越大，引得一大群人围观，大家都想看看雄雄妈怎么处理这个问题。

只见雄雄妈，镇定地说："本来跟你爸爸说好打算明天带你到动物园玩的，但是现在看你的表现，我真的要考虑是否改变主意。"

听到这话，雄雄哭声减弱了。

这时候妈妈说："你以为我会怕你哭吗？哭解决不了任何问题。而且你这么一哭，很可能明天的安排也要泡汤，你肯定还会失去更多。而且如果你再不起来，培训班就会迟到，到时候所有小朋友都会看着你一个人灰溜溜地进门，你不觉得作为一个男子汉这是很尴尬的事情吗？"

这个时候，雄雄的情绪一点点安定下来。脸上露出了为难的表情。

"好了，让你自己选择，是现在立刻跟妈妈去上培训班，明天痛痛快快地玩儿。还是就在这里哭闹，培训班没上好，明天的计划也全部取消？"

听了妈妈让自己做出的选择，雄雄默默地站了起来。表示愿意去上培训班。

围观的人也跟着一点点地散去，都说这个妈妈教育孩子真是聪明。

看了上面的例子，相信很多父母都会对这位妈妈的表现点赞喝彩了。

面对孩子的哭闹，我们是不是也能像这位妈妈那样，开出一剂智慧的药方呢？其实，当孩子知道自己的哭泣解决不了任何问题，也改变不了父母的决定时，他们的那种小小的“要挟”心理就会土崩瓦解，而这个时候作为父母的我们就会把教育的主动权牢牢地把握在自己手里。事实上，孩子是很好管理的，在他们的潜意识中埋下哭闹无用的暗示，他们会更容易在今后的成长中适应现实生活，因为他们已经明白，哭泣仅仅代表着自己的软弱，而面对问题解决问题，永远要比坐着哭泣明智得多。

无规矩不成方圆，无理要求绝对不答应

人生最重要的是有一把规矩的戒尺，只有心里有了这把尺子才能做到为人处事有分有寸，万事把握在刚刚好的位置。这样的人给人感觉是舒服的，因为他们首先是一个很懂规矩的人，给自己留余地，给别人留余地，从来不强迫对方什么，而这种守规矩有分寸的性格恰恰就是一个人最完美的特质。

纵观中国五千年的历史，富有智慧的老祖先，秉持着淡泊明志的心性，将定立家规看成是整个家族延续的重要部分。在他们看来，金玉满堂，莫之能守，高官厚禄，难以相传，但只要家规不倒，家风不败，自己的后世子孙就一定能代代兴旺，原因就在于这种规矩的力量已经在他们的心里生根发芽。而他们秉持坚守的规矩往往都是父辈祖先经过反复实践走出来的经验之路。

如今，身处在新时代的我们主张开放、自由，很少有人再把规矩这件事当回事儿了。觉得人生在世，活得已经很累，干吗要给自己设计这么多条条框框？因此在教育孩子方面也是如此，很多父母觉得，孩子的天性是很重要的，没有必要用那么多严格的条条框框去约束他。然而他们忘了，孩子对待这个世界的概念是模糊的，而对于那些是非对错也没有什么正确的理解，假如这个时候作为父母我们再不明确地指出来，错过了这个为孩子定立规矩的最佳时期，那么他们必然会在今后的人生道路上遇到很多自己难以解决的问题。

让我们回想一下，当孩子第一次提出无理要求的时候，作为父母的你是如何处理的呢？假如你选择了顺应孩子，那么不难想象，孩子一次得逞后必然会再提出更多无理的要求，更可怕的是他们会在无形中形成一种自我放任的性格，一旦之后我们无法达到他的要求，后果将不可想象。不要说孝道、仁义，就算你多么真挚地为他付出，只要没有达到他的目的，他都不会放在眼里。假如这个时候你感到委屈，一切都已经太晚了。思来想去一番，能去怨谁呢？这一切不都是自己给惯出来的吗？

假如这一切对于你仅仅是一种噩梦的预告，如梦初醒以后，我们是不是应该高度重视了呢？

当孩子提出一些非理性要求的时候，作为父母，你可以问问孩子，假如我们是你的朋友，你提这些要求，他们会有什么反应？并给予他一些暗示，告诉他："这些无理要求肯定不会得到满足，相反招来的只能是别人的厌弃。"让他们明白，家里的父母可能会额外满足你，但你终究是要面对社会的。一旦从小养成这种陋习，就无法处理好与周围人的关系。

再则，我们可以不动声色，适时地给孩子提出一些他也难以接受的要求，当他接受不了马上要发作的时候，态度温和地告诉他，当你把无理要求传递给别人，总有一天别人也会把它不动声色地回敬给你。想让别人怎么对待你，首先要想好自己怎么对待别人。

最后，告诉孩子，无理要求是无法得到应允的，不仅如此，还会带来很多的麻烦。

不管怎样我们都要记得，孩子不良习惯的提前纠正要比发展泛滥后流泪后悔好得多。提前树立规矩，才能够让他们在今后的生活中活得更理智，更智慧。

妥善抑制孩子得寸进尺的贪欲

曾经在一本名著中读到过这样一个故事：

有一个小男孩儿，丢了一分钱，独自一人在大街上哭泣。

一个好心人走过来问：“孩子你怎么啦？”

“我丢了一分钱，他是我一天的零花钱。”小男孩儿伤心地说。

“哦，孩子不要难过，我来满足你的愿望。”于是好心人拿出了一分钱放在小男孩儿手里。

没想到小男孩儿还是很难过。

“孩子，你为什么还难过啊？”好心人问道。

“因为，因为如果我要是找到了我的那一分钱我就有两分钱了。”

“好吧，你已经找到那一分钱了。”好心人又掏出一分钱放在小男孩儿手里。

可小男孩仍然不是很开心？

“怎么了？又出什么问题了吗？”

“我，我在想，如果我再能找到我的那一分钱，我就有三分钱了。”

听了小男孩儿的话，好心人摇摇头，就此离去。

看了这个故事，当时的感觉是这个小男孩儿实在太贪了，一点都不知道满足，难怪会这么痛苦。可回头想想当今社会的孩子，有时候不正如故事里的小男孩儿那样，在欲望面前迷失了双眼吗？

皮皮特别喜欢变形金刚，只要妈妈带他上街，他一定要去玩具店看变形金刚。一次妈妈带皮皮去逛商场，皮皮又要求去玩具店看变形金刚，他拿拿这个、看看那个，最后缠着妈妈给他买玩具。

无奈之下妈妈说："那皮皮只能挑一个带回家。"

可是这时候的皮皮哪肯答应："不，要买两个，哦，对，还有这个，这个我也喜欢。"

"可是妈妈没带那么多钱啊！"妈妈给皮皮亮出了钱包。

"我才不信呢，你骗人，你就是不想给我买。"皮皮一边抱着玩具一边大声地说。

眼看事情陷入僵局。皮皮一边抱着玩具一边坐在地上哭闹。而妈妈也是看在眼里气在心里。

看了上面这个例子，不知道为人父母的你有没有看到了自己生活中的影子，每每遇到类似的情况时，很多家长马上就会生起一股无名火，真的好想把眼前这个耍赖的孩子好好地整治一番。其实，孩子之所以会这样，主要是看穿了作为家长的心思。只要自己一耍赖，又在众人面前，父母的面子肯定会不好过，这时候最希望的是赶快结束这样的难堪，而自己也就可以见缝插针地得到自己喜欢的东西了。而这种行为的主使，还在于一颗贪得无厌的心。

一位智者说，这世界上百分之九十的烦恼都来源于欲望。成人如此，孩子也是如此。看到同学家的玩具好，自家的所有玩具都会因此而黯然失色，随后的动机就是吵着让爸妈给他买和同学家一样的玩具；看着别的孩子有冰糕吃，尽管自己起初不想吃，但还是勾起了欲望，吵着让爸妈去买；明明刚刚结账买了一套连环画，突然发现其他小朋友手捧着一本连环画看得津津有味，于是非得让爸妈把那一套也买下来。

面对这样的事情，很多父母起初是包容，之后就开始变得难以忍受，可难以忍受又不知道怎么处理，真的让人头疼得要命。不要急，看看下面的例子希望能对你有所帮助。

一天妈妈带齐齐去商场，齐齐一下就被眼前琳琅满目的玩具吸引过去了。他看看这个摸摸那个，哪个都爱不释手。

齐齐：“妈妈给我买一个吧。”

妈妈：“那你挑吧，只能买一个。”

齐齐看了一会儿说：“可是妈妈这几个我都喜欢。”

妈妈：“刚才你答应妈妈的只买一个。”

齐齐：“可是我现在改变主意了，我都想要。”

妈妈：“都想要是吧？那就一个也别买了。现在咱们就回家。”

齐齐：“妈妈，你不是说一会儿去吃肯德基吗？”

妈妈：“玩具都不买了，还吃什么肯德基啊！”

齐齐：“妈妈，你怎么那么残忍啊。我不就是想多买样玩具吗？”

妈妈：“妈妈要让你知道，一旦你觉得什么都想要的时候，往往什么也得不到。相反当你得到一件东西，就倍感珍惜地好好看顾它，反而会活得很快乐。”

齐齐：“妈妈……”

妈妈：“自己做选择吧，是买一个，还是回家？”

齐齐：“嗯……妈妈别生气，我就买一个吧！“

是啊，齐齐的妈妈说得很对，人生这条路上充满了欲望，面对眼前的花花世界，什么都想要往往意味着什么都得不到。但假如自己可以坚定地选择一条路，不受到外界欲望的影响，反而可以活得很快乐。如果他们能够从小理解其中的含义，并将自我抑制融入到今后的人生，那么他们未来的生活必定充满幸福和快乐。

想给孩子一个幸福美满的人生吗，从现在开始教他学会抑制自己心中的过分欲望吧。

告诉男孩儿，没有那么多的“理所当然”

深夜，一位母亲为当天经历的一些事情难以入眠，在微博中写下这样一段话：

“不知道为什么，儿子越大我越是觉得出现了问题，他经常对我所付出的一切视而不见，有些时候还会抱怨地说：‘我的衣服怎么还没洗啊，明天我上学穿什么啊？’这样的话，那时候给我的感觉是，在他的眼里我的角色不是妈妈，而是一个保姆。我不知道是我的心理出现问题，还是对孩子的这种表现过于敏感。但总觉得势头不太对劲，他把我对他付出的一切都看成是理所当然，这让我觉得自己的付出毫无意义，也必将得不到任何回报。有时候我会想，如果有一天我老了，而他已经长大，我日渐憔悴无法满足他的要求，那个时候的他会像当初小的时候我对待他一样对待我吗？我不求他怎样照顾我，只求他能够明白，我对他所付出的一切并不是他想象的那么理所当然……”

父母的爱是无私的，或许在孩子呱呱坠地的那一刻，看着孩子一点点长大，无数的欣喜油然而生，再多的操劳也会觉得理所应当。但我们一定要知道，我们意识中的理所应当并不应该成为孩子意识中的理所应当。毕竟，我们的角色是生养他们的父母，而不是他们可以吆五喝六的保姆。

如今的孩子很容易染上社会上的一些习气，无论是从电视里，还是从同学与同学之间的交流中，甚至在一些孩子间传唱的段子里，都透露着对父母的不尊重，他们把父母的爱当成是一种理所当然的事情，少了一些谦卑，少了最重要的感恩。

曾经就在街上看见了这么一件事，一对母子上了地铁，那儿子看样子也就十岁左右，两个人的谈话简直让人痛到心窝里：

妈妈："今天的作业做得怎么样？班里考试了吗？"

儿子一脸不耐烦："哎呀，你就不能问点新鲜的？都做完了，做完了。"

妈妈："你衣服上这是什么啊？"

儿子一脸不屑："还不是你上次没洗干净？下次用点心就好了。"

妈妈："什么叫我多用点心啊，你自己都这么大了，一些衣服应该自己洗了。"

儿子："哎呀你烦不烦，又让我干这又让我干那的，我忙得过来吗？"

妈妈："那你觉得我就忙得过来啊。每天跟你没完没了地操心。"

儿子："哎呀，不说了行吗？回头你又没完没了了。这个月的零花钱还没给我呢！"

……

说实话，当时听着越听越来气，真的想过去找那男孩子好好谈谈，父母的爱虽然无私，但作为孩子领受这一切的时候本应怀着一颗感恩之心，而不是把这一切看成是一种理所当然。

我们从小就要告诉他们这个世界上没有所谓的“理所当然”，不管是在外面还是在家里。学会尊重父母的劳动学会感恩很重要。不懂得尊重父母的人即便是到了社会上也不会受到尊重，更不会有好的发展。

让我们的孩子常怀感恩之心去珍惜生活的每次馈赠，用至真至爱的心灵去回报别人，奉献社会，开拓人生！

第八章

心灵引导：做儿子最贴心的心理咨询师

别看男孩儿平时大大咧咧，心里十个有九个装着一堆的问题，一旦长时间找不到答案，就会在心里化作郁闷和消极，最后说不定就成了一堵击不倒的心理围墙。而作为爸妈的我们，看在眼里又怎能袖手旁观，心里怀着这样的愿望：“愿我们用正能量帮你解开心结。愿我们能够成为你最贴心的心理咨询顾问，帮你解开遇到的各种难题。”

儿子，先别急着说“我不能”

曾经就见过合唱队的一个男孩，练唱时总是低着头悄悄地绕到后排，问他为什么，他说有一次唱歌跑了一次调，惹得同学哄堂大笑，这对他伤害很大，觉得自己五音不全，根本唱不好歌，所以总是跑到后排对口型，希望自己可以不被人注意。了解情况以后，我便鼓励这个孩子自己唱首歌，并反复保证绝对不会笑话他，于是男孩儿选了一首自己最喜欢的歌唱，一首下来，竟然没有一个跑音，而且声音相当好，根本不存在五音不全的问题。于是我故作惊讶地说：“你唱得那么好怎么不站在前排啊，你不努力培养自己，将来恐怕这个世界上会少了一位优秀的歌唱家呢。”男孩儿听了这话，眼睛明亮起来，从此也敢往前站了。

不自信的性格一旦形成，就会给孩子的生活带来很多的影响。试想一下，如果一个人一直在自己面对一切事情时说着“我不能，我不能”，恐怕时间长了他就难以做成任何事了。所以作为父母，面对孩子对自己能力的怀疑，我们首先应该对他给予鼓励，告诉他，人的一生没有能不能，只有做不做，只要想做，坚持下去就能成功。

假如这个时候能够拿出一定量的时间与孩子一起练习一件他自认为不擅长的事情，而在整个过程中给予最积极的评价，孩子必然会在这种不断地演练中越做越好，最终找回久别的自信感觉。

小可放学回家一脸垂头丧气，妈妈爸爸看到了急忙问：“出了什么事？”

“马上学校要组织跳绳比赛了，不知道为什么，在跳大绳练习的时候我总是跳不过去。每次跳不过去，同学都会说我，认为如果我继续这样会影响成绩，我怎么那么笨啊。很多同学都把这件事跟老师说了，不想让我参加跳绳比赛了。我特别难过，但没有办法，我就是跳不好……”

听了儿子不幸的遭遇，爸爸妈妈鼓励道：“儿子，你没有真正多练习过，怎么能说自己做不好。再说就这么一件小事，怎么就能用‘我很笨’这样的话来侮辱自己呢？在爸妈眼里，儿子很聪明，也很灵巧，克服这点小困难根本不在话下。”

“可是……可是……”小可还是很悲伤，但眼神里泛起一阵犹豫。

“没有那么多可是，这样吧，咱们在家先练练，爸妈当摇绳运动员，你来跳，说不定明天比他们谁都跳得好。”听到这话爸爸继续鼓励道。

“啊，那太好了。”小可擦了擦挂在脸颊的眼泪。

于是在小区的花园里，爸爸妈妈摇着跳绳，陪着小可开始练习，没过一会儿小可就跳得相当灵活了。这让他非常兴奋。

“小可，你还觉得你笨吗？我的儿子跳得相当棒嘛。”爸妈又鼓励道。

“嗯，这下我心里踏实了。”

“以后遇到事情一定别急着自我否定，这个世界上哪儿有那么多的不可能。只要你想做好就一定能做好。”

“嗯，我以后再也不自卑了，谢谢爸爸妈妈！”

一件孩子一时没做好的简单的小事，有时会影响到他的信心。作为家长我们应该告诉儿子，面对那些制造困难的纸老虎，千万不要恐惧地失去自信，不管做什么事情都先别急着说“我不能”，只要努力去做，一切皆有可能。

帮助儿子巧度青春期

不知道为什么，一见到你，我心里就开始怦然心动。我从来都没有过这种感觉。

每次和你说话的时候，我的心就好像有个小兔子一样跳动，那种紧张的感觉让我意识到我很喜欢你。

你愿不愿意和我做朋友呢？我无数次地想这样问你。

每当我看到你和别的男生说话的时候，心里就会生气。

你会不会像我在意你一样在意我呢？我真的很想知道答案。

真的很想亲自告诉你，我很在意你。

你会相信这样的话会出自一个刚满十岁的小男孩儿之口吗？文字充满真挚，可见那是出自真心的一种感觉。如今的孩子，到了一定年龄就有了懵懵懂懂的情感。看到班里漂亮的女同学恰好成为自己的同桌，下课没事交流的时候，总是感觉心情愉悦。而后身边有些淘气的坏男孩儿再一起哄：“哎！你喜欢她，哈哈哈！”两个人的小脸就羞得红红的。

作为父母，我们儿时也曾有过这样的经历，是时候对孩子进行青春期教育了。

那么究竟怎么做才更有效呢？下面就举一个爸爸妈妈团结协作的例子，希望能对广大家长有所帮助：

这一天妈妈帮儿子阿发洗衣服，无意中翻出一个纸条，打开一看，内容是儿子写给班里一个女同学的。其言辞恳切、真诚，袒露了对对方的好感，而且还下意识地用了很多漂亮的修辞，字迹也比平常工整了很多。看完以后，妈妈哭笑不得，顺手塞给在一旁看报纸的爸爸：“看看，你儿子才十一岁，就开始学会给班上的女同学写情书了，你小时候是不是也这样？”

“哪有？我小时候很乖的。”爸爸一边说一边拿起信：“还别说，我儿子文字功底有两下子，这年纪把文章写成这样已经是很不容易了。”

妈妈：“那你说怎么办？让他真把这封信给送出去？”

爸爸：“那当然不行了，咱们来演场戏，到时候啊……”

于是经过一番密谋，爸爸妈妈达成了共识。

放学后，阿发像往常一样推开门，爸爸把他叫到跟前装作什么都不知道地问：“阿发，最近学校里有什么新鲜事儿啊？”

阿发：“马上要举行合唱比赛了。”

爸爸：“哦，那女同学们是不是都要化妆啊！”

阿发：“是啊！”

爸爸：“你觉得谁画完妆最好看？”

阿发：“……有一个还可以。”

这时候爸爸装作很诡异的样子，凑到阿发身边悄悄地说：“阿发啊，爸爸像你这么大的时候，曾经也觉得班里有个女同学长得特漂亮，所以总是有意无意地往她那边看。对了这事儿别告诉你妈啊。”

阿发一听便笑起来：“哈哈，原来爸爸小时候还有这样的事儿？那后来呢？”

爸爸顿了顿说："嗯，后来啊，那个女生和另一个班的男生早恋啦！本来学习特别好，一下子就落到了倒数，到后来重点高中都没上成。你爸爸我呢？因为看到他们的事情，就引以为戒，结果考上了重点高中，之后又考上了重点大学。之后有了个稳定的工作以后，碰到了你妈。"

阿发："哦！原来这样啊。"

看着儿子沉思的样子，爸爸严肃起来说："所以我很庆幸啊，要是我也早恋，也会像那女生一样，成绩一落千丈，还考什么大学呢。再说了，本来你的未来是一片光明，本可以在未来找到一个和自己同样匹配的人相伴，结果你因为小时候的一个不当的情感纠结，自然也就碰不到你本应该碰到的那个人了。这样会不会很傻？"

阿发听了以后沉默良久，点头说是。

"所以啊，儿子，咱在关键时刻得学聪明点，别去做那个傻孩子。你看现在我跟你妈生活得就很好，如果当初我跟那女生早恋，不好好学习，恐怕现在就没有你了。"爸爸更加真诚地说。

"爸爸……我……其实我也差点……不过……不过一切都过去了，没什么的。"阿发想说些什么，却又把话收了回去。

这时候妈妈把阿发的那件衣服抛给阿发，假装不经意地说："要洗的衣服里面还放那么多纸，也不自己提前先看看，回头洗了都是纸渣。赶紧的，把你这些要洗的衣服都检查一遍，我可没工夫一个一个给你翻。"

此时的阿发，满脸惊恐和尴尬，他连忙缓过神儿来，立刻拿走了洗衣筐里的全部衣服。之后的日子，爸妈从老师那里得知，阿发学习越来越专注了，而且非常听话，尽管周围有一些孩子在谈论异性的话题，阿发也不为所动，就跟没听见一样，仅此一点，老师对阿发的评价就相当得高。

孩子到了一定年龄，必然会对身边的异性产生兴趣，尽管他们也不知道这是为什么，但这纯属于一种孩子青春期的正常心理，只要家长及时发现，有效引导，就不会出现任何我们所担心的问题。怕就怕有些家长性子太急，直截了当地对此事大加批评指责，或者动不动就拿出来予以警告，这不但不会起到什么效果，反而会伤害孩子的自尊心，而当他们的心灵被这样反复伤害以后，必然会产生逆反，最终导致事情向不利的方向恶化。

案例中阿发的爸爸和妈妈表现得就相当出色，既向阿发说明了利害，又没有伤害孩子的自尊心，同时引导着孩子将目光投向长远的未来。久而久之，这样的引导方式肯定要比直接指责批评有效得多，让一切在无形中走向了更好的发展轨道。如果为人父母的你正在面临这方面的教育困扰，不如勇敢一试，说不定会产生相当不错的效果呢。

摒弃虚荣，你会活得更轻松

作为成年人，我们都知道，虚荣这件事真不是什么好东西。古代著名哲学家，道教创始人老子在道德经中就说过："宠辱若惊，贵大患若身。何为宠辱若惊？宠为上，辱为下，得之若惊，失之若惊，是谓宠辱若惊。"简单几句话，就把虚荣心带给自己的折磨，形容得淋漓尽致。生活中我们处处都可以遇到被虚荣心所困扰的人，今天别人说他好，他高兴，明天别人说他不好，他就生气。

孩子一天天长大，渐渐对好坏美丑有了认识，渴望在人前展现自己优秀的一面。而这个时候，虚荣心就悄悄地摄入了他们的内心。只要你用心观察就会发现，很多孩子在受到表扬以后，异常的兴奋，就好像吃了一个蜜枣，无时无刻不带着心满意足的笑。但当他们受到不好的评价时，内心就会失落、气愤，垂头丧气，恨不得一天都提不起精神。长此以往下去，必然对他们的心理健康造成影响，而作为家长，这时候适当地介入，适时地引导，肯定是十分必要的。

那么如何帮助孩子摆脱虚荣心的困扰呢？看看下面的例子，希望能够对广大家长有所借鉴。

小宇第一天上学，临走的时候兴致高昂，回来的时候却垂头丧气。看着孩子不开心的样子，在一旁看电视的爸爸急忙问："怎么啦，儿子，看来第一天上学出师不利啊！"

"我就不明白了，今天上课，老师说要坐有坐相，听课要手背后坐直，我真的坐直了，一动都没动，结果老师表扬了好多同学，却没有看见我，有些同学坐的还不如我呢。"

爸爸一听乐了："就这么点事儿啊！"

"老师给了很多同学小红花印章，但是我却一个也没有。我那么努力，老师却看不到。"说着，小宇的眼睛里流出了委屈的泪水。

爸爸想了想问："嗯，小宇想想，老师为什么要让同学们坐直呢？"

"不知道！"小宇没好气地回答，显然没有从伤心事中走出来。

爸爸笑笑说："老师的意思是，这么坐着可以更集中注意力听讲，而且对身体很好。那小宇养成了这种习惯以后，注意力集中学习好了，坐得直身体好了，这种收获是不是小宇自己的事情？如果是自己的事情，那又跟老师给不给表扬和小红花有什么关系啊？毕竟，学习好和身体好都是小宇要为自己努力的啊？对不对？"

小宇听了，低着头沉默了很久。

爸爸接着说："要我说啊，老师给小宇在开学第一天上了最有意义的一课，同时也发了一朵无形的大红花，那就是让小宇知道，人的一生，就要把自己的事情做好，荣誉也好批评也罢，都不重要。我们小宇本身就应该在丰富自己的路上不断努力，不管今后有没有小红花，只要知道自己收获了，学到了，那就是对自己最大的奖励。爸爸说得对吗？"

小宇听了，高兴地点点头。

于是爸爸微笑着说："好啦，老师没给小红花，爸爸奖励给小宇一颗巧克力，庆祝小宇明白了生命中最重要的哲理，任何虚荣是自己给自己制造的烦恼，快快乐乐地做自己，走自己该走的路，做自己喜欢的事，才是最有价值的人生。你现在还小，记住爸爸的话，以后会明白是什么意思的。"

小宇看着巧克力，脸上恢复了往日的笑容。

爸爸妈妈应该让男孩儿从小就明白，人生一切的努力，不是为了得到一个奖牌，一句赞许，而是可以在这趟旅程中更加快乐潇洒地做自己喜欢的事情。开开心心地做自己，比什么来得都更重要，更有价值。

儿子，人生不过是一场与自己的较量

“为什么我跑步没有别人快？”“为什么我那么努力，却争取不到班干部？”当孩子一股脑地说出这么多为什么，或许这个时候作为父母的你才发现，孩子真的在与人比较中有了烦恼。与人比较是痛苦的，这个世界上总有一些我们不擅长可别人却很擅长的事情，而之所以我们后来都生活得很好，是因为我们明白，人生是一场自己与自己的较量。

爱看三国的人都很熟悉其中这样一段情节，周瑜风流倜傥，一表人才，有国色天香的美女小乔为妻，职业是一人之下万人之上的水军都督，且才华横溢，令敌人闻风丧胆。唯一一个弱点，就是心量狭小，争强好胜，喜欢与人比较。而就是这个弱点，却被诸葛亮牢牢地把握在手里，三下两下，便让周瑜生了闷气，乃至于三十多岁的他英年早逝，临死还不忘发出一声“既生瑜何生亮”的感慨与悲愤。

说完古人，再看孩子，如今很多孩子的身上也存在着这样的问题。看到别人比自己强，内心就会不开心。假如自己通过努力超越了对方，不开心就会得以消减。可怕的是自己不管怎么努力都无法超越对方，那种心中复杂的心绪，看着就让人心疼，恨不得替他们去痛苦。

生活中我们时常会看到男孩儿会突然一个人在那里生闷气。“为什么别人能当班干部，我那么努力都当不上？”“为什么楠楠几下就轻松地做出了算术题，我花了一个小时都做不到？”“为什么我很努力地跑，就是没有别人跑得快？”“哎呀！我怎么那么没用啊！”每当孩子对自己问那么多为什么的时候，每当他伤感得说自己没用的时候，他们就出现了一个非常严重的问题。他们在盲目的自我否定中，把别人的优点不断放大，将自己的短处暴晒在烈日之下，而那些他们本来具备的优点，却在他们无意识下被悄然地掩藏了起来。最终直接导致内心的一种极大的挫败感，一种自卑感从心中油然而生，觉得自己瞬间一无是处，并长时间地在这种意识里黯然神伤。时间一长这种郁闷的感觉就会形成心理疾病，更严重的还可能成为少儿抑郁症的一种。

由此看来，过分的“争强好胜”真的不是什么好事。记得小时候，老师说过这样一句话：“这个世界上，到处有竞争，但我们一定要秉持着一种健康的竞争策略。不要害怕失败。竞争必然有成功和失败，这很正常，应该做到胜不骄，败不馁。特别是失败了要认真分析失败的原因，学习别人的长处。战胜失败，成功就属于你了。如果发现自己在这场竞争中有了收获，有了长进，那么走这一遭就是值得的。”这话说得多好啊！人生之所以会有竞赛，不是一定要比出一个高下，而是自己在人生的道路上不断地成长的一个过程。假如过分地计较胜败，总是为此时而兴奋时而伤感，那肯定不是一种聪明的行为。古人常说：“人生之乐，自得其乐。”说的就是这个道理。最后，作为家长我们应该明白，人生在世，各有所长，总有人可以游刃有余地玩儿转我们不擅长的事情，但面对这样的情况，不要着急，因为我们有我们自己的专长，不擅长某事并不意味着拥有一个失败的人生。没有必要拿别人的长处不断地困扰自己。

假如我们能够让孩子从小明白，人生之路是自我成长的过程，真正要面对的对手往往是我们自己。自己能不断地成长就是最大的快乐。

化情绪为动力才是有本事的男孩儿

孩子毕竟还是孩子，很容易受到情绪的干扰，过度的喜怒哀乐，都会影响到他们的身心健康。如何让他们平和地面对眼前的一切，专注地做好每一件事情，是爸爸妈妈从小要培养起来的优秀特质，即便做不到上古圣贤的处变不惊，至少也要成为自己情绪的主人。能够快速转变视角，化情绪为动力，才是真正有本事的表现。

大文学家萧伯纳有这样一个故事：

有一天萧伯纳外出散步，在小路上碰到迎面而来的一个死对头，死对头为了羞辱萧伯纳，傲慢且蛮横地挡在路中，轻蔑地说：我从不给傻瓜让路。但萧伯纳根本没有受他侮辱语言的影响，机智地退让到一边，并愉快地回应道：而我则恰恰相反！

现实生活中，很多人都在无形中成为了情绪的奴隶，最终不但自己深受其苦，事情做得也是心不在焉，频繁出错。越是出错，越是会有麻烦，恶性循环之下，自己饱尝着接二连三的挫败。等到自己回过神儿来意识到：“哦，我被情绪控制了”，时间已经过去了，该做的没做完，做了的没做好，再后悔也无济于事。

作为成年人，我们知道这社会现实的一面。一个情绪不稳的人即便是有再丰富的知识，再过硬的技能，只要被人抓住了情绪这条小辫子，就很容易因为深陷情绪的困扰而错失更好的发展机会。假如孩子总是不能及时化解不良情绪，这必然会影响到他们更长远的未来。

那么究竟我们应该如何帮助孩子，彻底摆脱情绪的干扰，让他们恒久拥有正能量的滋润呢？下面就介绍几种方法，希望能够对广大家长朋友有所帮助。

1. 遇到坏情绪的时候，专注呼吸，反观身体

很多男孩子遇到挫折后，往往会一蹶不振，甚至当一些突发事件出现的时候，他们还会不知所措。这个时候，最好的方法，就是进行深呼吸，让心神宁静下来，然后下意识地观察自己身体的感受。作为父母，我们在平时可以告诉家中的男孩儿，有些时候，身体产生的情绪并不是自己真实的思想，而只不过是自己身体产生的一种感觉，假如这种感觉让自己不舒服，就安静地跟它待一会儿，静静地观察它，直到它消失为止，那时候自己再用理智的状态思考问题。这样做不但可以训练孩子面对不良情绪的方法，而且对他们的身心健康大有帮助。

2. 不要过分在意别人的表现

作为家长我们应该告诉家中的男孩儿，尽管人与人之间存在关系，但每个人都是一个独立的个体，别人的认知是别人的，自己的认知是自己的，不管在什么情况下，自己都没必要因为过分迁就别人的心情而改变自己的选择，因为一个人做得再好，也会有人说不好；一个人再不好，也有人称赞…… 不被别人的评价所累，是独立、成熟的表现，也是勇敢、智慧的体现。只要认为自己做的对，那就问心无愧，就应该继续把自己的事情做好，这样才算尽到了对自己的本分。不要过分在意他人的评价。

3. 适时转换角度，用另一种眼光看问题

当自己受到情绪牵绊的时候，首先要找到问题的根源，比如自己是不是在接收信息的认知方式上出现了问题。比如孩子之间常常会说：“你就不会跑得再快一点吗？真笨！”“你傻了吧！这道题该这么解。”这时候有些孩子就会因为只接收到“你很笨”“你很傻”这样的词而生气。但只要自己可以将这几个词略过，就不难看出，对方的意思是另外一回事儿，拨开恶意成分以后，善意的成分会显露出来。而在训练孩子的时候，爸爸妈妈不妨就努力让孩子用所接收到的善意成分思考问题。这样把上两句话翻译过来就是：“哦，这位同学让我努力练习，这样我就能跑得更快了。”“哦，原来这道题，他有一种更简便的解法。”如此这样转化角度，还会有什么不良情绪呢？

下　篇

潜移默化
——润物无声，用对引导男孩儿的方法

聪明的家长都有着一套无形教化的本领，眼看着他们从来没有强迫儿子去做什么，却不知不觉中让这个小男孩儿满腹才气。俗话说：“智慧的家长可以让孩子的未来亮起来，因为他们从一开始就知道孩子的亮点在哪里。”事实上，爸妈是儿子世界中难得的伯乐，总是可以在恰当的时候，激发他的潜力，同时，带着发现的眼光与男孩儿一同成长。所以花上一分钟问问自己，为人父母的我，真的做好了吗？

第九章

潜心挖掘：用心观察，抓住男孩天赋的闪光点

每个男孩儿都是上天赐给这个世界的一份礼物，来到世间之前，他们都是一束耀眼的光。而当他们带着哇哇的哭声来到我们的家庭，冥冥之中还携带着曾经光的记忆，那是属于他们自己的光，独一无二的天赋所在。聪明的家长总是用心观察孩子一点一滴的变化，他们就像一个追逐光点的使者，不断地为此投入全部的心力和感情，只为将这束光开采出来，同时不断地施予力量，让它照亮未来更远的地方。

敏锐观察，总有细节显露孩子的天性

“我家的孩子就知道傻玩儿，根本就看不出来有什么天性特长。”很多家长抱怨家中的男孩子实在太贪玩儿，让他练钢琴不干，让他学画画不画，真不知道到底想干什么。还有的家长说，家中男孩儿性格一点都不开朗，让他出去玩儿他也不去，就自己在家一个人不知道鼓捣什么东西，可鼓捣来鼓捣去，也没看鼓捣出什么花样。每当听到这样的抱怨，心里首先感慨的不是孩子太贪玩儿，而是家长不用心。上天会赋予每个孩子特殊的天性本领，而这一丰厚的礼物将陪伴他们一生，就看作为父母的你有没有留心注意到。

其实观察孩子很容易，只要作为家长留点心，就一定能从细节中看到他们的天赋所在，并将这块金子细心地开采出来，让它尽情绽放耀眼的光彩。

那么怎么才能快速发现孩子的特殊天赋呢？首先就要先从父母对孩子的爱的方式说起。

你是怎么用自己的这颗心去爱孩子的呢？假如你真的爱孩子，怎会有这样无尽的抱怨之词？用心地反思一下自己，作为父母我们有没有带着欣赏的眼光去观察他呢？如果没有，就从这一刻开始，用心地，每一个细节都不错过地观察他们，欣赏他们，这时候你会发现，原来家中的这个宝贝，不仅仅是个贪玩儿的孩子，身上还有很多自己以前没有意识到的优秀特质。比如，他们的手指很长；他们的嗓音很洪亮；他们可以很快成为诸多小伙伴眼中的领导人物；他们可以用不到十分钟的时间玩儿转我们大人都搞不定的魔方；他们熟悉任何一种球类比赛的规则；他们可以很快地背下自己喜欢听的故事；他们可以将手里的白纸变成手枪；他们跑得飞快……

是啊，那么多优秀的天性就摆在我们眼前，只不过是因为我们思维的局限，对这一切视而不见罢了。作为家长，我们需要用更有力量的爱心去不断地观察和捕捉。

曾经有一个小男孩儿特别喜欢唱歌，三四岁的时候，就显现出了极高的唱歌天赋，而当时他心中的理想却是成为一名老师。但是他的爸爸发现儿子的嗓音非常洪亮，随便一首歌，超不过三遍就能唱得有声有色，而且音调即便升得很高也能把控得游刃有余。为此，他特地找儿子谈了一回，真诚地对儿子说："虽然我并不想干涉你的理想，但是秉着一颗良心我要告诉你，如果你选择教师这个行业，那顶多今后的大学里会多一位业绩平平的老师，可世界上却少了一位才华横溢的歌唱家。"

最终男孩儿被父亲真挚的爱所感动，在面临人生选择的时候选择了歌唱行业，并且获得了非凡的成就，所有乐坛名流都以能够与他同台演出为荣，他的名字就是位于世界三大男高音之首的帕瓦罗蒂。

帕瓦罗蒂的成功，首先要感谢的就是父亲的那双慧眼，假如那个时候父亲并没有关注到这个孩子洪亮的嗓音，恐怕日后仅仅会有一个以唱歌为爱好的大学老师。由此我们不难看出，寻觅孩子的天性，必然是要从细节出发的。生活中简简单单的一件小事，或许恰恰是家中男孩儿向你显露自己才华天赋的方式，关键要看这个时候你有没有与他产生共鸣。

所以在这里要说的是，天下没有不怀天赋的孩子，只有对此不善观察的父母。多一些时间观察孩子，适时地参与到他的游戏中来，抽时间与他多聊聊天，了解一下他在想什么，在做什么，怀着怎样的思维逻辑看待问题。这必然是一次非常奇特的观察经验，因为孩子的内心世界是充满想象，充满色彩的。只要你顺着他们的眼界和视角，往往就能看到一个不一样的世界。

用心地带着爱去捕捉吧，用自己的心贴近孩子的心，好奇着他们的好奇，快乐着他们的快乐，惊喜着他们的惊喜。放松下来的他们，总会在一些细节上向你暴露他们的天性。这时候要牢牢地抓住它，用心培养，积极鼓励，必然会在不久的将来结出最丰硕的希望之果。

循循善诱，让男孩儿找到真正的兴趣爱好

孩子放假了，作为父母，这时候都把眼光投入到培养孩子的兴趣爱好上，于是花费了大量的时间、财力，给孩子报了几个兴趣辅导班。炎热的夏天，不惜自己站在太阳底下等着接孩子，让外人看来甚是感动，都情不自禁地说一句："唉！可怜天下父母心啊！"可反观孩子却总是嘟着个小嘴，一副不买账的样子。

为此，有关机构特意做了一个市场调查，专门询问孩子对兴趣培训班的看法，所得出的结果大大出乎家长们的意料：

小男孩儿A："我并不喜欢现在上的兴趣培训班，在我看来跟上课一样，其实我一点都不喜欢奥数，我喜欢航模制作，可爸爸说奥数学好了以后考学能加分，没办法我就被迫来了，听得那个晕头转向啊，一点都不好玩儿。根本不是我的什么兴趣爱好。"

小男孩儿B："妈妈给我报的兴趣爱好班，有的还成，有的不咋地。要我说，那都不算是我的兴趣爱好，是她的兴趣爱好。她老跟我说，恨自己小的时候没有学好钢琴，结果现在就一个劲儿的让我练钢琴。其实相比之下我还是喜欢画画，跟她磨叽半天好不容易同意了。我现在练琴就是熬时间，到了画画培训班的时候才会找到快乐的感觉。"

小男孩儿C:“那哪儿是我的兴趣爱好培训班啊？简直是地狱一般的生活，下了课，妈妈就会问老师我的表现怎么样，只要老师委婉地暗示不够好，那我的末日就到了。其实那也不是我自己喜欢的事情啦，都是他们全权做主的，一点儿也不好玩儿。

听了孩子对培训班的这些看法，作为家长的你是不是一下子感觉心凉了一半？自己辛辛苦苦赚钱，不舍得花，全部都投入给他们了，怎么他们就这么不理解自己的心情，不珍惜自己苦心为他们营造的兴趣环境呢？面对兴趣培训，家长满心期望，孩子如坐监狱，主要原因就在于那不是您家男孩儿的真正爱好。这就好比你让一个吹管乐的人唱京剧，爱画画的人去跳高，节奏都不在一个点上，肯定没有什么好结果。可现如今的家长就在这个问题上看不清楚，只觉得自己家男孩儿的兴趣爱好应该是高雅的，对未来升学有帮助的，只要看到别人家的孩子都在学，自己家的孩子就不能不学，要不然这不是就等于让儿子输在起跑线上了吗？如此一来，兴趣爱好一下子被父母的期待搅和得变了味儿，一上来就带着那么点孩子之间彼此竞争的火药味，如此一来，孩子怎能不一进兴趣培训班就头痛？

作为家长，只要我们可以适时地以孩子的角度换位思考，就不难了解孩子面对这一切的心情了。那么如何才能培养出孩子真正的兴趣爱好呢？我们觉得应该注意以下几点：

1. 孩子的兴趣爱好，不是爸妈的兴趣爱好

就好比饭桌上，我们对着一盘红烧肉吃得津津有味，并不断地把它推荐给身边的朋友，觉得这是自己能拿出的最好的东西，可这个朋友偏偏是素食主义者，你越是向他推荐，他就越会觉得尴尬而且难以接受。对于孩子兴趣爱好这件事也是如此，或许作为父母，您对某些领域有着强烈的兴趣，觉得这件事真好，假如儿子有这样一个兴趣爱好，那未来一定大有前途。可对于孩子来说，他可能对您所感兴趣的事情没有一点兴趣，他有着自己喜欢的领域。正所谓强扭的瓜不甜，如果一味地强迫孩子去做家长自己喜欢的事，时间长了，必然会招致逆反心理。

2. 别的孩子的兴趣，未必就是自己孩子的兴趣

现在很多父母在孩子兴趣爱好这方面，行动过于盲目。看着别的孩子都报同样的兴趣培训班，心里就会想，大家都报说明好啊，那我的儿子怎么能落到后面呢？想到这里，一拍板就定下来了。却不知道别人的兴趣爱好，未必就是您家男孩儿的兴趣爱好。老人不是常说“萝卜白菜各有所爱”吗？在儿子的兴趣爱好这件事情上，做家长的只是一个助力，关键的选择还是要让儿子自己拿主意比较好。

3. 兴趣爱好这件事，多跟孩子交流一下

作为父母，我们首先要培养孩子独立自主做出选择的习惯，在兴趣爱好这件事情上更是如此。所以当您决定帮助孩子树立兴趣爱好时，最好的方法就是多花些时间和孩子进行交流，比如：你觉得自己在哪方面有特长？哪些领域你觉得最感兴趣？对于你的兴趣爱好，你有没有什么更长远的规划？你觉得这个兴趣爱好能够陪伴你走多远的路？假如孩子回答得都很有道理，作为家长即便我们有自己的意见，也应该更多地听取孩子的意见。当然，爸妈也可以把自己的想法讲出来，开诚布公地秉着善意建议的方式相告，相信这个时候孩子也一定可以理解父母，明白父母对他们的期望。

看了这样的建议和方法，不知道对于家有男孩儿的您有没有借鉴意义，但不管怎样，对于孩子的兴趣爱好这件事，真的是强制不得。孩子是一个独立的个体，而不是承载着我们心愿的附属品，或许他为自己选择的路，才是今后对他最好、最有帮助的路。

鼓励好奇心，给男孩儿插上想象的翅膀

孩子的世界是五彩缤纷的，之所以说五彩缤纷，主要原因在于他们那颗天真烂漫的好奇心。这个世界似乎没有他们不感兴趣的事情，神奇的大自然，具有神奇运算法则的阿拉伯数字，拼凑起来就可以与外国小朋友交流的英文字母，一幅幅具有奇妙色彩的图画……一切的一切都因为孩子独特的视角而变得与众不同，充满了快乐和感动。

作为父母，看到孩子有那么强大的好奇心，是一件值得开心的事情，因为他们已经开始用自己的思维在这个世界上针对不同的问题寻找答案，而这对于他们来说绝对是一场非常有意思的游戏之旅。假如在这个关键时期，爸爸妈妈能成为他们的玩伴和向导，有效地利用好孩子这种好奇的天性，不断激发他们更深层次的潜能，势必对他们的成长大有帮助。

曾经有一位非常有智慧的妈妈，在介绍家中男孩儿如何爱上英语，爱上识字的问题上分享了这样一部分宝贵经验，其间也包含了一些自己与孩子一起游戏的生活片段：

和其他的孩子一样，我家的男孩儿也是一个调皮捣蛋鬼，眼看到了该看书识字的年龄，做家长的怎能不着急。起初给他买了很多儿童绘本，他只看画，根本就不愿意看底下的字，所以毫无疑问，这方面的努力我算是满盘皆输了。

之后就开始总结经验，究竟怎样才能让孩子认字呢？于是我就开始对中国的汉字认真地研究起来，并为每一个要教给儿子的字都编了一个故事。这么一来，儿子听得津津有味，并对一个个的汉字产生了强烈的好奇心，只要故事讲完，字就能记得非常清楚。终于有一天，当我的故事马上就要山穷水尽的时候，儿子突然说："妈妈，你说的不对，故事应该是这样的。"说罢他开始针对我手里面准备好的不同汉字讲起自己的故事来，而我就这样悄悄地从一个讲述者变成了一个倾听者。

就这样，时间一天天过去，家中的宝贝儿子已经认识了许多汉字了，这让作为妈妈的我相当有成就感。之后我又开始增加了戏码，教孩子学英文。起初简单的几个单词，顺着发音，编一个可以解释其原意的故事，这让我和孩子有了新的游戏乐趣，还记得第一次玩儿英语游戏的时候，儿子瞪着一双好奇的双眼，看着我手里剪裁好的英文字母，那样子别提多萌了。就这样，一有空我就会和孩子一起用手里的单词编故事，而且经常会因为编的故事太有趣而笑得前仰后合。就这样不到一年的时光里，孩子已经学会了近1000个词汇，这样的成绩，真是我作为一个妈妈始料未及的。

由此，我对孩子的教育有了信心，开始提前帮助孩子开发新的玩儿法，心想，假如能把数学、历史、化学这样的课程也编撰成一个又一个的游戏，那对于孩子今后的发展一定大有帮助。说实话，我的初衷很简单，就是想告诉孩子一个学习理念，学习不是一件苦差事，而是一种用来玩儿的游戏。只要你有想象力，就可以用所学到的知识不断调剂生活，让自己的世界变得丰富多彩。

看了这位妈妈的经历，同样作为爸妈的你心里是不是也想出了很多的新点子呢？既然如此，那就马上开始吧，找到一些可以和孩子一起一边学一边玩儿的好点子，让他们在强烈的好奇心作用下，爱上学习，把学习知识当成是生命中最有趣的爱好和经历。这样一来，不论未来学习的知识内容是多么繁重，他们都不会觉得那是一件很痛苦的事情。当然，作为父母我们还可以将这种状态和观念继续延伸，让孩子意识到生活本来就是一个非常有趣的大游乐场，只要用心去感受它，就会有无数奇妙有趣的重大发现。著名学者林语堂曾经说过："半玩世，半认真的生活才是最幸福的生活。"让孩子从小把一切看成是一项又一项有意思的游戏旅程，这对于他们树立未来的人生观念，必然是会有非常积极的作用的。

陪着孩子玩儿出花样来

众所周知，男孩儿喜欢玩儿，这是他们的天性。所以有些父母见人就会发出这样的抱怨："我家那男孩儿其实特别聪明，但就是贪玩儿，真是没办法。"真的没办法吗？如果是聪明的父母，一定不会这么说。在他们看来贪玩儿和学习是不冲突的，最会玩儿的孩子，往往是孩子堆儿里最聪明的一个，因为他总是能率先研制出令大家欣然接受的新鲜玩儿法。所以作为父母，想让孩子爱上学习，就要鼓励他们在游戏中玩出属于自己的精彩和花样。而这时候，为了能够提升自己更高的游戏水平，他们自然会在学习时付出更多努力，这一定是顺理成章的事情。

阿莱最近迷上了动画片和网络游戏，只要放学回来，就趴在电脑前一动也不动。这让他的父母很是担心，但并没有简单地阻止孩子打游戏。而是设法了解事情的原委。

于是阿莱的爸爸怀着强烈的好奇心，时不时地绕到阿莱的后面用心观察。

原来阿莱晚上的时间主要花费在动画片和网络游戏上，是因为在某网络游戏中已经玩儿到了相当高的级别，所以说什么也不肯罢手。

为此，他爸爸想了很久，决定和阿莱好好谈谈。

一次阿莱放学回家，刚要上网，爸爸却把他叫到旁边。

爸爸："阿莱，是不是很喜欢动画片和网络游戏啊？"

阿莱："是啊，特别有意思。我在那个游戏里面已经坐到长老的高位了。"

爸爸："那有什么了不起的，总是玩儿别人编好的，有没有想过自己发明个玩法，玩儿出新花样？"

阿莱："怎么个新玩法儿？"

爸爸："那你得答应我，上课的时候好好读书我才告诉你，要不然就不教你玩儿了。"

阿莱："好吧，说说看。"

爸爸："我们可以把看过的动画片总结一下，创造出几个新的人物，然后给他们穿插着编一个故事情节，情节成熟以后，我们就自己设计游戏，成为游戏的总霸主，你说这怎么样？"

阿莱："听起来倒还行，但是编辑游戏得懂技术啊。"

爸爸："这有什么难的？你忘了爸爸是干什么的了吗？爸爸可是IT精英啊。想学吗？爸爸可以教你，要比你那个什么破长老级别的游戏有意思得多，做了游戏霸主，就是至高的王者了，你感受过那种站在山顶上的感觉吗？"

阿莱："哇，那当然是太棒了。那我们开始吧。"

于是，阿莱之后的生活彻底改变了，他上课好好听讲，把学到的知识认真地记在笔记本上，然后回家带着所学的知识，以及对曾看过的各种动画片的记忆和爸爸一起编辑游戏故事剧本。结果学校的老师反映，阿莱的作文水平提高了很多，而且英语水平也提高了不少。

可老师并不知道，阿莱英语成绩之所以突飞猛进，是因为爸爸告诉他，只有中国的动画片太局限于思维，要努力学好英文，看懂外国的动画片，这样才能把游戏故事剧本编得更有趣。而后爸爸又因势利导，提出将很多科目的学习内容纳入游戏攻关范畴，再然后，阿莱竟然在学习成绩全优的情况下独立编辑了一个简单的游戏程序。再后来可想而知了，阿莱的游戏程序编辑技能越来越了得，而他也从中找到了比沉迷打游戏更有意思的兴趣爱好。并在一次少年电脑程序大赛中获得了大奖。

一个网瘾问题少年，经过爸爸富有智慧的引导，成为了一个真正的电脑高手，这是多么令人惊讶的事情啊。由此我们可以得出结论，天下没有什么问题少年，只有不会引导的父母。当然，不可能所有的父母都是什么IT精英、电脑高手，但只要动用你的智慧，就一定能够给孩子创造出一个非常有创意的学习体系。当孩子怀着浓厚的兴趣对这套体系表示认同的时候，那就意味着一个精彩的游戏程序就此拉开序幕。这就是玩儿出花样来的开始，与心爱的儿子一起投身其中，相信在加深亲子关系的同时，还会碰撞出更多出乎意料的智慧火花呢。

用孩子喜欢的音乐升华审美

作为家长的你儿时有没有过这样的经历：把自己的零花钱攒下来，偷偷去买自己喜欢的音乐磁带；抱着新买的CD播放器爱不释手；在唯美的钢琴旋律中忘我陶醉；随着动感的摇滚乐翩翩起舞。是啊，音乐带给了我们无尽的欢乐，成为了我们生命中不可缺少的慰藉。所以我们相信，既然音乐给自己的童年带来了快乐，音乐也一定能让自己膝下的这个可爱儿子充满快乐。

音乐是上天送给人们的一份厚重的礼物，这份礼物可以舒展他们的情绪，丰富他们的思想，帮助他们从无尽的压力和烦恼中解脱出来。这个世界上，没有人不爱音乐。但音乐也是分门别类的。它就像具备各种味道的生活调味剂，不同的人、不同的心境需要不同的口味一样，人们的喜好是不同的。不管是成人还是孩子，最重要的是找到自己喜欢的那一种。

但如今很多家长似乎忘记了这一点，总是强制孩子听他们根本听不懂的音乐，或者学习他们根本就不感兴趣的乐器，最终的结果可想而知。曾经就有一个朋友无奈地告诉我，他发现儿子不到四岁时乐感已经相当得好，于是不惜斥巨资为儿子买了一台进口钢琴，可孩子对钢琴一点儿都不感兴趣，却总是喜欢对着一堆火爆音乐边唱边跳。之后，在他十岁的时候，自己学会了弹吉他，之后又搞定了贝斯，可钢琴却始终寂寞地放在那里。由此他感慨到：“音乐这东西代表着自由，真是怎么强迫都强迫不来，如今他在他的音乐天地中玩儿得快乐，至于钢琴的事情，就当我做了无畏的牺牲吧。”

是啊，音乐本身是自由的，它代表着一种灵感，一种智慧，一种对于美的追求，如果这个时候非得强制孩子接受某种乐器，并暗示其他乐器都不好，那很可能就会给孩子的审美带来局限性。时间一长，音乐的快乐成为了学习的压力，在这样的学习压力下还有什么美感可谈呢？想想自己曾经的路，想想音乐给自己带来的放松和快乐，就真的不忍心再逼着孩子接受他们不喜欢的东西了。

曾经有一个男孩儿感慨地说：“我的爸爸妈妈喜欢京剧，所以从小就让我学戏，可是说真的，我到现在还是不能由衷地欣赏这门艺术，总听不出那唱腔中蕴藏着的味儿。相反我比较喜欢钢琴、小提琴还有萨克斯，这几种乐器交融起来的感觉真的美极了。我曾经梦想过自己坐在钢琴面前弹出优美的旋律，然后静静地在心里重复着自己谱写出来的乐章，那种美的感受是京剧无法给予我的。所以我向爸爸妈妈提出了我的看法，还好他们比较开明，允许我以学钢琴的方式进入音乐殿堂，现在我已经拿到十级证书了。尽管我知道自己未来未必能成为一个钢琴演奏家，但钢琴必将伴随我一生，它是一笔财富，这笔财富是我为自己争取来的。”

听了孩子这样的感言，作为父母的我们是不是也若有所悟呢？每个孩子都是从天上飞下来的天使，心底都有着属于他们自己独一无二的旋律。作为家长，我们没有必要要求他们停止自己的旋律去演奏我们指定的乐章，而是要秉持发现挖掘的态度，去用心倾听孩子的声音，让他们找到自己的感觉，并在这种感觉中越活越轻松，越活越快乐，这就是他们在音乐世界里至高的审美情操了。

说着故事，与孩子轻松逛画展

每个孩子的心中都有一幅美丽的图画，他们对于色彩的理解有着一种与生俱来的灵性。不少家长都发现，在孩子的童真年代，最能够表达他们思想内容的方式，不是语言，不是文字，而是一幅一幅倾注他们丰富情感的图画。有些男孩子初见生人的时候非常害羞，不太善于交流，但是假如你可以给他一支笔，陪着他一起画画，他就能通过自己绘制出来的一幅幅作品告诉你很多很多的心事。

因此作为家长，了解孩子思想的方法并不复杂，静下心来和他一起画画，谈画，一起分享画面中一个又一个的精彩故事，他的心门就会很快向你打开，而你也就在这个瞬间进入了他思想中的神秘世界。

曾经有一个朋友说："有一天，我家的儿子在沉思许久后对我说：'妈妈你知道吗？在我的大脑里有很多美丽的画面，但是我现在技艺不高，无法用绘画表现出来，如果真的能把这一切抽调出来拍成电影，那些网络上爆红的视频短片真的都不能比，只可惜，哎……可惜了……我该怎么办啊！'我听了非常激动：'那你就努力地去画啊，或者学着用文字把它表达出来，留个底儿，等到以后具备这个能力了，再一点点地把它描绘出来。''哎！妈妈我知道那些画家的苦恼了，在他们的大脑里，想到的永远要比画出来的还美。只不过他们怎么也表现不出来，所以总是对自己的画作不满意。’你说，这是一个六岁孩子的感悟吗？当时我就想，绝对不能亏了儿子的艺术细胞，说什么也要花时间陪他看画展，好好地把他的艺术美感再熏陶一下。”

听了这位朋友的话，你是不是也有过类似的感受呢？或许起初，孩子用画笔画出来的东西差强人意，根本就说不上是什么形状，但那是他心中渴望向你表达的东西，只要你拿出十足的耐心，去倾听他，引导他，他的笔就会源源不断地创造惊喜。

说到这里，一位老师曾经讲过这样一个经典的例子：

有个小男孩儿，非常的内向，但是他的画作都会受到美术老师的表扬，问其原因，他说那就是他心里真实的感受。

之后老师把这件事，告诉了男孩儿的妈妈，并把所有的画交给了她。令人没想到的是，妈妈看完这些画，眼里饱含着眼泪说："孩子的画面里，很少有鲜艳的色彩，他的世界里，有很多伤感和无奈，他想倾诉，却找不到方法，所以总是沉默。他也有自己的理想，也想飞翔，但他的天空从来就没有一片蔚蓝。"之后了解到，原来孩子的父母离婚，这件事一直令这个小男孩儿很伤感。

后来在老师的建议下，妈妈经常带着男孩儿去逛画展。一次妈妈指着著名画家梵高的画说："儿子你看，这是梵高画的，尽管他的人生非常悲惨，甚至有的时候买不起画具和水彩，但在他的画里，永远都不缺少最鲜艳的颜色，他的内心世界永远是美好的。所以妈妈也希望你内心世界是一幅美好的画面。"

听了妈妈的话，小男孩儿走近大师的画作，注视了很久很久，从那以后，他的画中出现了很多新鲜的色彩。看到儿子的改变妈妈非常兴奋，用更多的时间陪儿子看画展，一边看一边给儿子讲一些画家或画作的故事，并借机努力启迪他的思想，转变他的悲观态度。

时间一长，小男孩儿变得开朗了，画也画得越来越好，小小年纪，就能说出很多著名画家的故事，再后来他在艺术的道路上越走越远，成为了一名优秀的画家。

由此可见，美术不仅仅能够改变一个人的审美，还可以改变一个人的人生，画面中表达出的思想，渗透着一个人的情感，阅历，渗透着对于这个世界的理解和感触。能看得懂画的人，内心世界一定是丰富的，与众不同的。所以作为父母，首先要做一个能读懂孩子内心这幅画的人，然后才能带着一份欣赏和爱，用心去引导，与孩子一同走上艺术审美的道路。所以，如果有空的话，多抽出点时间陪孩子逛逛画展吧，在开阔孩子视野的同时，自己的审美也在不断升华，而假如这个时候恰好和孩子产生了共鸣，那便是上天恩赐给我们最美好的安排。

第十章

培养财商：优秀男儿要成为理财高手

“爸爸妈妈，长大以后我要当银行家。我要成为金钱的主人。”听了这样伟大的志向，身为父母的你一定看到了希望。虽然我们不知道儿子未来的路会怎样。但身为一个男孩子，对于数字的敏感显然可以激发他们持家理财的能力。这对于他日后的成长一定是大有帮助的。巴菲特在自己还是孩子的时候就开始玩儿股票理财了，低头看看自己可爱的儿子，他会成为第二个巴菲特吗？

互动管理，小鬼也能当好家

中国的父母，在让孩子参与家庭理财方面与西方父母有很大的不同。作为现代的父母首先要改变观念，尝试着从小培养孩子们的财商。

财商是一个男孩儿不能没有的素质。因此作为家长，从孩子很小的时候就应该好好地锻炼他。其实，很多男孩先天对数字就非常敏感，而管钱恰恰就是对他们这种天赋最好的实践。开个家庭理财会议，给孩子参与的机会，大人孩子轮流管钱，看这家中小鬼当家的水平到底如何吧。

对于孩子而言，金钱概念到底是什么样的？是一种可以用来买玩具的工具？还是一种开启另一种有趣游戏的砝码？很多家长害怕给孩子管钱，担心他们会瞎花，可事实上，一旦我们能够转变孩子对待钱的思维方式，把有效的理财观念渗透到他们的意识里，就会发现原来孩子对数字是那么敏感，以至于可以很快地做出属于自己的理财计划，把自己手里的钱打理得井井有条。

纵观国内外很多财富大亨，他们给自己孩子灌输的理念是："不管手里的钱是多是少，用心地去经营管理，学会让它们在自己的手里保值增值，总是好的，今天手里的这点小钱都管理不好，恐怕以后也没有管大钱的本事。"所以西方很多家庭在孩子很小的时候就开始放手让他们管钱，很多孩子学习理财都是先从管理自己的压岁钱开始的。著名股神巴菲特小时候就被家人带到股市，并用零花钱买了人生中第一支股票，以至于后来一发不可收拾，成为一名经验丰富的股神，可见其从小锻炼出来的理财能力是多么得高超。

作为中国的父母，或许你从来没有期望过自己的孩子会成为什么股神，但至少我们可以锻炼他把自己手里的钱进行有效管理。有一些开明的父母，会定期地举行家庭理财大会，并邀请孩子一同参加，一边晒账本，一边进行家庭财富升降趋势的探讨，然后再一起讨论手中存款的分流问题。他们努力让孩子觉得这是一个很郑重的会议，讨论的是非常重要的问题，每个人都必须做好充足的准备，拿出切实有效的建议。如此不断地坚持，孩子灵动的头脑就被激发出来，他们会顺着父母的指引去了解国内外大大小小的财经信息，会关注银行的各类理财产品，并用自己所学到的数学知识进行演算和分析，宛如在玩儿一个更有意思的游戏。而这对于他们必定是大有益处的。

庞庞如今已经成为家庭里最会理财的当家人。虽然只有十岁的年纪，但管起钱来真是一把好手。之所以有这样的成果，完全在于爸爸妈妈对他从小的财商培养。

庞庞说：“在我还只有五六岁的时候，手里有了一些零花钱，那个时候还不知道怎么花，但心里觉得应该攒下来，说不定以后会用得着。这时候妈妈建议我为她所购买的理财产品投资，按照收益，每月给我分红，我当时觉得这真是一件有意思的事儿。于是，这便成了我人生的第一次理财经历，为了能够准确把握好自己的理财收益，我开始和妈妈一起研究每一种银行的理财产品，乃至于每一支基金股票。为了能够弄明白那些预测数据，在妈妈的指导下，我翻阅了很多书籍，并学会了其中很多有意思的演算方式。忽然有一天，我发现一支基金的涨幅与我进行计算之后的数字完全一致，那种成就感真是无法用语言来形容。”

看着儿子在理财方面越来越熟练，妈妈又尝试着让庞庞参与管家，加入每周末的家庭理财会议。所谓的家庭理财会议就是每周末，爸爸和妈妈还有庞庞会坐下来探讨这一周家庭支出的情况，每个人都可以针对自己所了解的情况发表建议。同时统计出下一周家庭支出的成本预算。为了确保公平，家中所有成员轮流管家，之后进行季度和年度评比，优秀者将获得家庭奖励。

起初庞庞管家的时候并不熟练，但在妈妈的引导下，庞庞不但学会了记账，还学会了控制预算，每笔钱如何进账，如何流出，资金去向，每一件事他都能记得清清楚楚，以至于最后到了年终总结的时候，经常是庞庞拿得那份大奖。

看到儿子有这么大的进步，妈妈说："其实一开始也没想那么多，只是不想让他乱花钱，可没想到他越理财越有兴趣，作为家长我觉得不妨放手让他去感受这种乐趣，毕竟那要比让他没事儿打游戏更有意义。"

看了别人家的理财生活，不知道作为父母的你是不是在心中也有了自己的盘算，其实孩子对待钱的概念是需要家长指引正确的方向的。放手让孩子管钱，他们会觉得自己是金钱的主人，让他们知道每一分钱都是来之不易的，他们会更加珍惜，他们也会一点点淡薄对不良消费的欲望。一切都需要我们家长一点一滴地进行培养。拿出耐心，和孩子在理财的过程中一起游戏，一起探讨，一起进步，相信过不了多长时间，你就会发现，原来家中的这个小鬼已经成为一个理财高手啦。

钱少也能记好账

一位妈妈让孩子理财记账，结果孩子抱怨一大堆：“就我手里的那仨瓜俩枣，还值得理？怎么理都是那样，你让我记账，回头看着账本上就简简单单那几个数，今天记，明天记，越记钱越少，越记越尴尬！我才不记呢。”试想一下如果这时候你是这孩子的家长会不会轻言放弃呢？谁说钱少不能记好账，越是这样才更应该学会记账呢。

孩子手里钱虽然不多，但现如今每个孩子手里应该都有一笔压岁钱，再加上父母平时给的零花钱，做家务获得的劳务费，也是够他们进行管理了。可是很多孩子目前却都还没有对理财这件事引起重视，往往一问：“钱都花在哪儿了？”都摇摇头一问三不知。这让身为家长的我们也一脸的无奈。

其实，孩子到了一定年龄就应该学会管理手里的一切了。尤其对于金钱这件事，更是如此，今天赚了多少，明天花了多少，最终一个月下来剩下多少，哪笔钱是固定资金不轻易动，哪些是流动资金可以随时支配，尽管钱少，心里也该有一笔清楚点的账目。所以当我们面对孩子抱怨钱少不爱记账的时候，千万不要给出一个建议就罢手了，而是应该严肃地跟他好好谈谈，告诉他记账的好处和方法，让他提起管理自己小金库的兴趣。假如能够长久坚持下去，对于孩子未来的金钱观和理财意识都会是一种相当有价值的培养。

那么什么样的记账方法才是最适用于孩子的呢？究竟如何才能让孩子将手里的钱管理得井井有条呢？看看下面的建议：

1. 养成索要单据的好习惯

很多孩子花钱大手大脚，买了吃的、文具之后，拿起东西就走，根本就不过问这些物品的价格，以至于对自我开销的数字毫无概念。面对这样的情况，家长最好的策略就是让孩子养成在花钱时保留单据的习惯。之所以这样做，原因也很简单，知道自己花了多少钱，这些钱都用在了什么地方，买了什么东西。这样回家记账的时候就有了凭据，心里就对自己所花出去的钱做到心中有数。如今不管是超市还是文具店，都会打出凭条，孩子想索要单据并不困难。

其次还有很重要的一点，如果家中男孩儿从小养成了这种习惯，那么等到他长大以后，在处理问题上势必会更精心更认真，规避很多因为没有依据所造成的风险。

2. 建立有效的流水账目

现在孩子还小，手里的钱并不多，做流水账目也很简单，不过是将一天得来的钱，花掉的钱通通地记录下来，并将每一笔单据用粘贴纸贴好仔细保存。等到自己翻阅的时候有理有据，思路清晰。假如孩子愿意，可以在每天的流水账后面写下当天的一些心情和感想，或是做了什么有趣的事情。时间长了，当自己一天天长大，回头翻看当年记录的点点滴滴，有趣的回忆便像电影一样在眼前一一浮现，那何尝不是一笔宝贵的财富？

3. 每周、每月、每年统计总结

究竟自己的财务状况如何，家中男孩儿光记流水账是不够的。每周、每月、每年都要对自己的财务状况进行一次系统的统计总结。例如，本周纯收入多少，总支出多少，总计余额多少，未来某周、某月预计某事需支出多少，一切都要在账目上记录得清清楚楚，这样家中男孩儿就知道自己下一步应该怎么做，是开源还是节流，并对自己下一周或下一个月的财务状况有所预见。而等到年末进行年度总结的时候，不仅在数字上清清楚楚，还是一个自己对这一年的总结和回顾，这不但是对孩子理财智慧的培养，还是对孩子自我总结的反思。

看了上面的方法，不知对于为人父母的你是否有所帮助。试想一下当孩子可以每天对自己所花费的一切思路清晰，所做的每一件事情都有理有据，而这种良好的习惯也不断地延续到他未来的人生，那种成就感必然是不言而喻的。所以现在就行动起来，和孩子一起研究一下自己的小账本吧。

用好手里的压岁钱

男孩儿往往是爷爷奶奶的掌中宝，一到年底收到的压岁钱肯定不少。可如果不妥善加以指导，手里的钱就被他们没头没脑地花光了。作为家长我们可能并不是特别稀罕孩子手里的钱，而是担心他们养成花钱大手大脚的坏习惯。这时候怎样让孩子妥善地利用好手里的压岁钱，就成了摆在家长面前的一件最重要的事。

春节又到了，佳佳手里有了好大的一笔压岁钱，面对手里的这个“庞大”数字，他开心得忘乎所以，心想，这么多钱，我应该怎么花呢？

正在琢磨的时候，妈妈走过来关切地问：“佳佳，手里这么多钱，你有没有什么计划？”

佳佳：“先买个玩具！然后和同学去打电子游戏机。”

妈妈：“啊？那可就浪费掉了。用在这些地方，没有一点儿意义。”

佳佳：“那怎样才有意义？既不让吃，又不让玩儿的。”

妈妈：“有很多有意义的事儿啊！比如帮助一下那些远在山区上不起学的小朋友，或者攒下来！哎，对了，佳佳不是希望长大以后可以出国留学吗？攒到那时，佳佳手里的钱应该已经到了很大一笔数目了吧？”

佳佳：“是啊！说得有道理。”

妈妈：“而且我们也可以用这笔钱学习一下理财，那钱是不是会在佳佳的管理下越来越多？到时候估计佳佳大学还没毕业就已经成为一个小富翁了呢！”

佳佳：“哈哈哈，那好吧！妈妈咱们来计划一下，应该怎么用这些钱吧！”

如今的孩子一到过年手里就会不知不觉拥有一大笔钱，而小小的他们对于金钱的概念还很模糊，而外界的诱惑又如此之多，一个不小心就会把孩子带进消费的误区。不时有报道，一些孩子用自己手里的压岁钱偷偷到黑网吧打游戏，家长批评他们，他们却理直气壮地说，他们花的是自己的压岁钱，又没花大人的钱。可见，让孩子有太多的压岁钱并不是一件好事。

可同样是拥有一大笔压岁钱，上面案例中的妈妈却很智慧，几句话将孩子带上正路，无形之中引导孩子树立正确的金钱观念。让孩子知道，原来手里的钱还可以做那么多有意义的事儿，如果自己能够妥善地经营利用手里的钱，就可以让自己的明天更加美好。如此一来，孩子势必会对手里的金钱更加珍惜，希望能够利用它赢得人生旅程中的更多成功和收获。

其实，孩子有压岁钱这件事本身没有对错，关键是引导孩子如何用好这笔钱。怕就怕一些父母大撒手，不及时地将正确的金钱观念传导给孩子，放任孩子拿着钱为所欲为，以至于最终孩子养成了花钱无度，大手大脚的坏毛病。假如孩子不能养成正确的消费观念，作为父母即便再努力地为他积累财富也是枉然。

想一想，当下的一些月光族，这些年轻人尽管工作能力很好，收入颇丰，但每到月底钱就花光，还要指着信用卡救济，根本原因就在于他们没有从小养成良好的用钱习惯。这不是最现实的反面教材吗？

那么孩子怎么做才算利用好了手里的零花钱呢？看看下面的建议希望能对父母有所帮助：

1. 秉持爱心，珍惜当下

如今，国家变得越来越富强，孩子们生活得很幸福，但是我们要让他们知道，在这个世界上还有许多欠发达的国家或地区的孩子因为上不起学而难过。而在他们眼中，能得到一个旧铅笔盒是多么幸福的一件事。所以，作为家长我们不妨引导孩子拿出爱心捐助那些需要帮助的孩子，这不但可以让他们更有爱心，也可以让他们更珍惜当下，明白自己如今的生活是多么的来之不易。

2. 储备资金，计划未来

其实作为家长，我们知道即便孩子长大以后为了求学，拿不出那么大笔数额的资金，自己也责无旁贷地为他付出，但这不代表着他们就可以肆意地花掉手里的每一分钱。作为父母，我们可以告诉家中的男孩儿："你手里节省下来的每一分钱，都是在为自己储备一个美好的未来。"每当孩子将钱放进小小的存钱罐，他们会很自然地想到自己未来的样子，而这种力量必将促进他们对明天不断地付出努力，因为只有当自己的梦想在明天开花结果的时候，他们那双打开存钱罐的手才会心安理得。

3. 有效理财，让手里的钱成为活水

让手里的钱不断翻转，成为活水长流，是练就男孩儿管理财富的最佳方式。当别的孩子手里的压岁钱一天天减少，而自己的钱却在不断复利增长的时候，那种成就感一定会促使他们对自己的明天更有信心。这时候父母可以成为家中男孩儿资深的理财顾问，与他一起探讨，一起分析，一起在玩乐中积累经验，不断成就自己的财富梦想。

努力劳动，才会有丰厚的回报

小时候我们经常会听这样一首儿歌《劳动最光荣》，大概的意思是：

小蝴蝶爱漂亮但是很懒惰，不爱劳动不学习，根本没有未来；小蜜蜂很勤快，每天辛勤劳动采蜜，建筑自己的蜂巢，用自己的汗水结出了甜蜜的果实。最终歌的收尾也非常精彩："幸福的生活从哪里来？要靠劳动来创造。"

说到这里，或许很多爸爸妈妈都产生了共鸣："对对对，小时候听过这首歌。"是啊！那个时候的我们通过这首歌明白了劳动的高尚，知道了只有通过劳动才能为自己，为家庭，也为家里那个可爱的儿子创造更美好的生活。

可是现在很大一部分孩子劳动观念越来越淡薄。家中的孩子生来就有一个相当幸福的成长环境。而父母对孩子更是宠爱有加，只要孩子想要的，就会尽可能地满足他们。更有甚者，孩子还没说出来，东西就已经送到了跟前。如此下去，娇惯的孩子觉得这一切来得太容易，一切都是那么理所应当。只要动动嘴巴，撒撒娇，最多也就抹两滴眼泪，一切就可以轻而易举地搞定了。

因此在这里，首先要批评一下这样的家长。尽管您通过自己的努力为孩子创造了一个美好的成长环境，尽管家中男孩儿可以在这样的避风港下享受着你的怜爱和娇惯，可他总有一天会长大，会走向社会，要自己面对人生，自己去创造财富。你不可能管他一辈子。假如不想让他未来在社会的残酷现实下碰壁，那从现在开始就帮他树立起正确的人生价值观：“人生想要的一切，是需要自己用劳动和智慧去争取和创造的。”这是父母给成长道路中的孩子上的一堂必修课。

曾经就有一位聪明的妈妈做得很好，为了能够与更多人分享她教育儿子的心得，她在微博上发了这样的留言：

都说孩子不知道金钱来之不易，不懂得赚钱的辛苦。其实责任还是在于家长，谁让我们没有让他真正感觉到赚钱时那种辛苦的感觉呢？一旦他们知道了这种感觉，必然会知道手里得到的每一分钱是怎样的来之不易了。

以前我也很惯着儿子，怕他受罪，总是背着他爸爸塞给孩子零花钱。但时间一长我发现一个问题，孩子变得越来越懒，而且花钱大手大脚，举个例子来说，明明学校和家之间只有一站地，自己散散步就可以走回家，他却嫌累非得花一块钱坐公交车回来。这时候我心里就想，那可不行，在零用钱这件事儿上，我得采取另一种策略了。

于是我跟儿子谈了一回，我告诉他以后的零花钱都必须通过他的努力和劳动赢得。并用心地列好一个单子，里面囊括了学习成绩奖励基金，家务劳动项目奖励细则，一式两份，清清楚楚，一份贴在儿子的房间，一份自己保留，落款都签上彼此的名字，以此证明双方已经为此达成共识。

从那以后我发现儿子真的开始努力了，学习成绩提高了，也爱劳动了，仅第一个月，就自己赚了200块钱，我问他怎么花，他的回答特别好笑：“花什么？好不容易赚的，得攒着，到关键的时候用。”由此不难看出，想让孩子有正确的金钱意识，就是要让他们明白赚钱的辛苦，明白双手创造美好生活的不容易。

看了这位聪明妈妈的分享，相信家有男孩的爸爸妈妈心里也一样有了主心骨。是啊！男孩儿本身就应该早一些明白赚钱的不易，因为上天早就给他们的未来安排下更多使命和责任。所以从今天起，和他讲讲关于劳动赚钱的话题，开动你的智慧与家中这个调皮的小子达成一个君子协定，不为别的，只为明天的他能够明白，做小蜜蜂才是一件无上荣耀的事情。

培养正确的消费观

“你们给的零花钱太少了，这样我什么时候才能买上我们班同学手上的那款新版手表啊！”小天天一脸抱怨的神情。

爸爸听了问：“为什么非得买那款手表啊，难道爸爸上次从香港给你带来的那款不好看吗？”

小天天：“哎呀，现在早过时了，我同学那款是最新的，我特别喜欢，所以……哎呀，我想要嘛……”

爸爸：“那款手表多贵啊，更何况你已经有手表了，要那么多干吗？浪费钱。”

小天天：“这叫潮流，你懂什么啊！现在那款手表在我们校可流行了。”

爸爸：“爸爸妈妈赚钱很辛苦的，真供不起你啊！让你到学校去是为了学习，你老比这些干吗？”

小天天嘟起嘴：“不管，不管，我就想要……”

看了上面的这段对话，作为父母的你会不会也有过类似的经历。回顾自己小时候，也曾经站在小卖铺前羡慕那些有足够零花钱买得起雪糕的人，也曾经攒下自己一个星期的零花钱买一块食品店最高级的糖果。曾经有一个朋友就发出这样的感慨："想起小时候自己的要求真的太简单了，看着别人手里的自动铅笔盒，心里那个痒痒啊，可想到父母为自己付出的已经很多，怎么也不好意思要。如今的孩子哪儿管这些，什么手机啊，ipad 啊，还有什么……哎！我都叫不上名字，搞得我们这些家长心里都有了紧迫感，按照他们的理论，身上没几件名牌都不好意思出门似的……"

听了这样的抱怨，心中不免为我们正在成长的下一代担忧起来，如果再顺着这种趋势，真不知道一旦父母的能力无法达到他们的要求，家中这个被宠坏的小男孩儿会用什么样的行为对待我们。所以，这时候就要提醒男孩儿的爸爸妈妈，如果再不有效地帮助孩子树立正确的消费观，恐怕日后自己想控制都很困难了。

那么究竟应该怎样帮助孩子树立正确的消费观呢？看看下面的建议，希望能够帮到大家：

1. 买真正需要的东西，学会自我控制

如今商品虽然琳琅满目，但懂得自我控制的人却有一种很有效的方法，那就是有目的地去购物，只买自己需要的东西，其他的东西通通都不去看，这样也自然不会因为那些东西而分心。所以父母可以给孩子树立这样的消费意识，买东西前，将自己需要的东西一、二、三地列一张单据，然后有目的地去购物，拒绝无目的消费模式。另外，还要告诉家中男孩儿，他们的时间很珍贵，与其漫无目的地闲逛，不如把时间节省下来做更重要的事情。

2. 与其买一堆残次品，不如攒到一起买一件最好的

生活中我们经常会发现孩子有时候会买很多廉价商品回家，问他为什么要买，他的回答是："因为很便宜啊。"可真到用的时候，就会发现这些商品因为存在这样或那样的质量问题根本就没法用，只能放到一边。所以作为父母，我们可以告诉孩子，在便宜与贵面前，我们要选择质量最好的，不要贪图便宜，把钱攒到一起买一件真正令自己满意且用起来可以更长久的商品。

3. 避免无意义消费，拒绝大吃大喝

有些孩子总是喜欢用自己的零花钱请同学大吃大喝，还觉得这样自己人缘有多好，其实，吃喝交不上真正朋友，还会助长其他孩子爱占便宜的坏毛病。

爸爸妈妈应该告诉孩子最正确的交友方式，正所谓君子之交淡如水，真正的朋友不是吃喝结交的，吃喝交的只能是酒肉朋友，对自己的帮助并不大。更何况，如今男孩儿手里的钱，是父母通过辛勤劳动得来的，并不是自己通过努力得来的，一味地拿着父母赚来的钱请客，这好意思吗？

4. 不要攀比，树立正确的价值观

父母应该告诉家中男孩儿，如今自己的角色是学生，而不是什么豪门子弟。简简单单没有什么不好，心中宁静才能志向远大。如果一定要比的话应该比学习，比未来。自己作为一个学生，不要被那些无意义的诱惑分心，尽可能地朴素专注，学习尽可能多的知识。通过自己的努力，用自己双手赢得自己想得到的一切，实现心中的理想，做最好的自己。

第十一章

循循善诱：让男孩儿爱上学习

“我儿子很聪明好动，可就是不爱学习。急死我了。”听到这样的抱怨，作为父母的你是不是有一种同病相怜的感觉？谁不想有一个“学霸型”的儿子，总是能在开家长会的时候给自己带来一片荣耀呢？但关键还是要找到让孩子爱上学习的方法，一旦过了这一关，在孩子眼中学习就是一场有趣的游戏，每一个阶段都是一场精彩的体验，直到有一天他眨着眼睛告诉你：“学习真的很有趣。”那种满心欢喜的成就感，一定是无法用语言形容的。

做孩子志同道合的“学友”

如今的家庭大多是一个孩子，真是太寂寞了，虽然父母爱着，爷爷奶奶疼着，家里也有一间属于自己的小天地，可没有同龄人说话，没有人一起玩儿，也没有人一起学习，做作业确实有点无趣。这时想起一位朋友回忆当年的自己：“那时候家里有一个比我小一点的弟弟，但我俩在一个年级，平时吃馒头都比着吃，学习上你追我赶，进步真的很快。要我说，最科学的家庭不应该是三口，而是四口，再怎么说都应该有两个孩子互相做个伴才好。”

是啊，如今很多爸爸妈妈，都经历过独生子女的孤独，非常明白家中孩子的感受。有时候自己会想，怎么能给孩子找一个优秀的学友呢？和他一起探讨问题，相互督促学习，一起参加一些体育活动，那孩子会不会在学习方面更有进步，也更快乐呢？或许很多家长在自己的脑海中已经千百次地构思着这个小学友的样子，可他却迟迟没有出现。眼看孩子一天天长大，真的已经耽搁不起，作为家长我们应该采取什么有效的行动呢？

其实，真正让孩子开心，让自己放心的学友，远在天边，近在眼前，他不是别人，就是我们家长自己。这时候很多家长可能会惊讶：“我吗？我都多少年不读书了？更何况现在很多孩子的功课我都看不懂啊！”先不要慌，这恰恰满足了成为孩子“学友”的先决条件，如果我们觉得课本里面的一切自己都很擅长，就会给孩子一种高高在上的感觉，但如果我们可以保持平等的心态，与孩子一同学习，形成彼此互助的关系，那感觉就不一样了。就让我们父母先跟孩子做一做“学友”吧。

蓝蓝是一个内向的小男孩，平时在学校很守纪律，但就是话不多。老师把他的情况反馈给了蓝蓝的爸爸妈妈，希望家长能够耐心地引导他，帮他一点点地阳光起来。

为此爸爸妈妈商量好，先努力做好蓝蓝在家中的“大学友”。

每天妈妈跟蓝蓝一起探讨文科和英语的学习心得，两个人在房间里一会儿背书，一会儿记笔记，一会儿又好像发现了什么有意思的问题，开始动手查资料，忙得不亦乐乎。

而爸爸是蓝蓝理科和户外运动的学友，一到爸爸那里，蓝蓝就活跃很多，两个人一会儿加加减减，一会儿哈哈大笑，户外运动的时候，蓝蓝也变得充满活力，非常开心。

时间一长，蓝蓝的话多了起来，这时候爸爸妈妈鼓励蓝蓝说：“蓝蓝，在学校，把每一位同学都看成是像爸爸妈妈这样的学友，努力地融入他们，和他们一起学习、游戏，不要有什么担心，小朋友们都是很友好的。”

之后，蓝蓝真的进步了很多，学习上也突飞猛进，用他自己的话说：“家里有两个大学友，学校一帮小学友，我好开心啊。”

看了上面的例子，不知道对于作为家长的你有没有借鉴意义。不同的孩子不同的性格，不同的孩子不同的表现，但是有一点是共同的，那就是他们非常渴望拥有真正的朋友。作为成年人，我们知道，学习这条路没有捷径，总体来说是很辛苦的，对于孩子来说，身边有一位优秀的学友，互相帮助，互相促进，那学习一定会变得十分有趣，成绩也会迅速提高。

所以，作为父母，积极地行动起来吧！或许这正是老天在暗示着我们：“去和孩子一起成长吧，那个学友就是你，就是你自己啊！”

男孩儿记不住东西，怎么办

“妈妈我很努力，但是有些东西我就是记不住，记不住啊！”一个小男孩委屈得快要哭出来。如今的孩子学习压力越来越重，由于担心自己的孩子会输在起跑线上，很多家长在财力、人力、物力上都做出了相当大的付出，每天希望自己孩子的未来能因为自己的努力而拥有全新的突破。可是如今很多孩子在记忆力方面都差强人意，上课的时候听得很好，回答老师的提问也很漂亮，可回来没过三天再问却什么也记不住了。或许很多爸妈开始会埋怨孩子不用心记就知道玩儿，但时间一长却发现这问题绝对不是那么简单，想让孩子把学到的东西记住还是要掌握一定的方法，单凭死记硬背是不行的，不仅孩子很痛苦，对他们的身体健康，尤其是脑健康也是非常不利的。

科学讲，人的大脑在吸收知识以后，记忆的过程是有一定规律和波动的，国外著名学者艾宾浩斯在对记忆进行研究后做出了一个大脑的记忆曲线，大致内容是：一个人想记忆一件事大概需要经历 8 个周期，第一周期只有 5 分钟，也就是孩子在课堂上刚刚学到的阶段，能在老师的引导下灵活运用刚学到的知识，甚至能将内容背下来，反馈给老师；第二周期 30 分钟，这个时候往往是下课没多长时间的阶段，这个时候孩子的脑中还是对知识有一定记忆的，如果能够对其进行自我强化，内容就会记得更深刻一些。第三个周期 12 个小时，这个时候孩子已经回到了家，本应将所学到的一切再进行重复性消化，但就在这个环节很多孩子都出现了问题。而后第四个周期为一天，第五个周期为2天，第六周期为4天，第七周期为7天，第八个周期为15天。如果不能在这几个周期内强化记忆，最终所学到的知识将会一点一点地忘掉。

知道了规律，也明白了问题，接下来就要思考一下怎么帮助孩子顺应记忆的节奏了，其实孩子还小，正处在记忆的巅峰状态，只要妥善地加以引导，所学到的知识就可以达到终身不忘的效果。那么究竟怎么帮助孩子有效地提高记忆力呢？下面就分享一些方法，希望对家有男孩儿的你有所帮助：

1. 为孩子准备一个知识记忆笔记本

不管多小的孩子都应该养成随时记笔记的好习惯，有句话说得好："好记性不如烂笔头。"老师上课讲了什么即便自己当时记住了，也要把它记下来，作为后续记忆规律历程中的凭据。下了课以后，回忆老师讲过的内容，想起来的看看对不对，想不起来的也有据可查，这样一来孩子就可以顺顺利利地度过记忆的第一和第二个阶段。

2. 设计回顾性的提问游戏是巩固知识的有效方法

孩子回家以后就进入了第三个记忆阶段，这个时候爸妈可以打开孩子的知识记录本，适时地和孩子做一个知识回顾性的游戏，这种游戏没有特定的时间，吃饭前，去超市的路上，乃至临睡前的自我回顾，越是出其不意就越能考验孩子记忆知识的扎实程度。等到第二天早上起来，和孩子走在上学的路上，一边走一边聊，一边走一边问，那些知识就又在孩子的脑中重复了一遍，由此自然而然地就走到记忆力的第四个阶段。

3. 指导孩子每周自我回顾所学的知识

眼看到了周末，很多孩子都想着出去玩儿，却忘记了这个时候是确保知识记忆更为扎实的又一个关键阶段。这个时候不妨和孩子一起做一个一周知识的总结回顾，由于孩子已经很好地度过了记忆规律的前四个阶段，一般来说，只要真正用心，回顾起知识来应该是相当容易和迅速的。爸爸妈妈可以和孩子一起回顾，然后将记得不清楚的知识点记录下来，然后在后续的记忆阶段重点加强记忆。

4. 进行有效的月底总结

一年只有12个月，假如每个月学到的知识都能记忆深刻，那必将是一个巨大的收获。所以到了月底爸爸妈妈应该和孩子坐下来，认认真真地对本月学到的所有知识做一个回忆，并认真地做好笔记和测评。该背的背一遍，该以工具的方式灵活运用的就出道题考考自己。这样下来，孩子会顺利地度过记忆的最后一个阶段。让脑海里的知识记得更加深刻牢固。

打开一本书就是打开了一个世界

不知道作为父母的你有没有阅读的习惯，柔和的灯光下，打开一本泛着淡淡墨香的书，一边嗅着那知识的韵味一边走向精神世界中另外的世界。种种烦恼都在这种宁静中慢慢消散，此时此刻，我们会完全沉浸在一种无尽的乐趣中。你会听到书里有个人在用自己的方法跟你发着牢骚，或是把一切自己的故事讲给你听，有些时候他们真的在用自己的全部真诚要跟你分享点什么，而这个时候的自己就成了一个完全的倾听者，一点点地吸收着自己需要的东西。

著名作家三毛说过一句话，大意是：每个人生下来本都是空心人，随着年龄的增长，自己一点点地被读过的书，看过的电影，走过的路所填满，最终一点点地变成了实心人，也就是自己该成为的样子。由此可以看出，书籍对一个人的一生是多么重要，它可以在你失落的时候给你宽慰，可以在你不知道怎么办的时候给你答案，可以在你需要快乐的时候给你讲笑话，可以在你渴望深入思考的时候分享哲理。它就静静地竖立在你家的书架里，它代表着一个全新的世界，只要你想，就可以打开它，然后进入到它所向你描绘的世界。作为家长，我们应该知道，阅读未必能够百分之百地帮助孩子成为未来人生中自己渴望的样子，但却会在他们的成长路上不断地给予提示，不断地提出建议，它可以是伴随孩子一生的好伙伴，更可以是以诚相待的良师益友。它可以让他们大脑充实，可以让他们内心平静，可以让他们在面对痛苦的时候不至于迷茫，在面对危机的时候想办法化险为夷。是啊！总有一些人，在我们之前走过了一些路，而他们的经验就在那一本本我们看过或没看过的书里啊。

小春是一个淘气的小男孩儿，他的心里却装着一肚子好奇的事儿，他对自然非常感兴趣，尤其是昆虫动物给予他的吸引力最大。

小春的爸爸妈妈都是老师，平时上课工作很忙，但回家来最喜欢的消遣就是读书，所以家里的书架上摆着很多很多的书。每次小春问诸如："蜻蜓有多少只眼？""老鹰为什么要自残？"之类的问题时，他们总是从书柜里找出一本书，对他说："去看书吧，书里有你要找的答案。"时间一长，小春也不再去向父母问那么多为什么，而是自己走到书架前，去寻找想看的书籍，慢慢地小小年纪就积累了很多很多的知识。

有一次学校举行科普知识问答大赛，小春靠平时丰富的知识积累为学校赢得了特等奖，当有人问他最想感谢谁的时候，小春说："我最感谢的是《十万个为什么》这本书，因为它引导着我进入了自然这个神奇的世界。同时我也要感谢我的爸爸妈妈，是他们告诉我，一本书就是一个世界，而我最终找到了我喜欢的那个世界。"

是啊，一本书就是一个世界，我们虽然不能决定我们生命的定数，但只要我们愿意，我们就完全可以待在我们想待的那个世界里。正如著名音乐人高晓松在他的歌词中写道："在临别的门前，妈妈望着我说，生活不止眼前的苟且，还有诗和远方的田野，你赤手空拳来到人世间，为找到那片海不顾一切。"这难道不是所有为人父母想对孩子说的吗？

或许我们陪伴孩子走的路，远远没有书中一首诗陪伴他的时间长，也许我们告诉他的话远远没有一本书里说得更深刻。或许有一天当我们离去，每当他们翻开一本书的某一页，往昔与我们度过的美好时光就会在他们的眼前瞬间闪过，也许有一天当他明白了一切，嘴角也会略带笑意。也许他长大以后也会渴望从忙碌的生活中挣脱出来，便开始静静坐在桌前读书，想起了你告诉他的那句话："一本书就是一个世界，去选择你想要在的那个世界。"而这必将成为他一生所获得的最大的财富。

期待已久的周末“英语”家庭大PARTY

如今中国越来越趋向国际化，这让很多家长意识到，让孩子学好英语是多么重要，它是一个非常重要的沟通工具，掌握好它或许就能在今后走进一个更为广阔的领域。因此，很多家长都花重金培养孩子的英语能力，市场上也有各种少儿英语培训班。但还是有很多孩子觉得英语很难，学起来枯燥，可也有的孩子觉得英语很酷，学起来津津有味，说出来头头是道，背诵起来好玩儿有趣。到底差距在哪里？想总结经验吗？现在就去向他们的爸爸妈妈取取经吧。

曾经就有一个朋友说，刚开始，他们的孩子英语成绩差，孩子也不愿意学，他们就想到了一个办法，每到周末，他就会和妻子跟孩子一起玩儿英语接龙游戏，谁赢了就可以要求其他两个人完成自己想实现的两个愿望，结果孩子玩儿得超级带劲儿，为了能在游戏中获胜，一有空就看单词学习英语，那种架势就像是在迎接一场盛会，他们一家人都把这样的盛会取名为“家庭英语大PARTY”，很快，孩子喜欢上了英语，成绩有了很大的进步。这种寓学习于游戏之中的方法，不但加深了彼此之间的亲情，而且还在学习新知识的同时找到了更多的快乐。

英语游戏的方法很多，下面再给你介绍几种。

1. 造句游戏

曾经有一位著名的语言教育家说："与其苦心于语法，不如专注于句子。"想要学到地道的英语，未必一定要死记硬背那些让孩子头疼的语法教条，多背诵句子，并将它们灵活运用不失是一种有效的方式。句子本身是一个骨架，只要骨架正确，灵活地加入不同的单词，符合一定的形式就可以了。一旦孩子有了一些句子的积累，家长就可以和孩子一起玩儿造句游戏了，一会儿说说东，一会儿聊聊西，单词灵活转换，句子结构在脑子里越来越清晰，孩子怎么会没有出口成章的能力？

2. 单词记忆游戏

曾经有一个学英语相当出色的朋友说："我小时候学英语，真的觉得没有那么难，让我记忆最深刻的一个词就是'桃子'这个词，它英语叫'peach'当时我就觉得好笑，'屁吃'？'吃屁'结果这个单词我一辈子也忘不掉。"我们可以进行讲单词比赛，参赛者发挥想象力，把要讲的单词编成一个个有趣的故事，谁讲得多，又有趣，谁获胜。这样学的单词记得一定很牢。我们可以和孩子一起坐下来玩儿这个游戏，游戏中注意纠正孩子的发音，相信过不了多久，家中的这个聪明的小男孩儿就能背出很多很多的单词了。

3. 接龙游戏

接龙游戏分好多种，单词字母对接游戏，英语句子接话游戏，这些都可以锻炼孩子良好的反应能力，在游戏中他们会一点点放下张嘴说英语的恐惧，开始慢慢具备用英语表达自己思想的能力。或许开始是一个单词，一句话，但到了后面说不定就可以说出一个段落。当孩子越说越多的时候，作为家长可以不断地给予鼓励，帮助他们树立学好英语的信心。

看了上面的建议，不知道作为家长的你有没有开始计划为自己家的男孩儿举办一个每周一次的家庭英语大 PARTY 呢？或许这个时候的你脑子里正在不断地迸发灵感，有了更多的金点子、好主意，那就不要吝惜地用在家中男孩儿的教学实践中去吧！相信在不远的将来，你一定会惊喜地发现，原来那个一看到字母就头痛的孩子，如今已经成为一个听、说、读、写样样精通的英语达人了。

旅游，陪孩子去看他理想的大学

一个朋友远道而来，问她想去哪里转转，面对北京这么多的名胜古迹，她只说出了一个请求：“能带我去北大、清华看看吗？”当时真的很不解，已经到了这个年纪，难不成还没过自己的学妹情结？于是问她怎么想起到那儿去，她笑笑说：“照张相，给我儿子看，他特别喜欢北大、清华，说以后他一定会待在这里，至少四年。”听了这话，心里一下子理解了，可怜天下父母心，孩子上学不能来，妈妈一个人不远千里来拍照片，替他实现愿望。此时从这位母亲的眼睛里，看到了美好的憧憬。当她来到未名湖畔，感受到北大厚朴的学院氛围时，情不自禁地说：“这里真好，我儿子一定会喜欢，我儿子很聪明的，而且非常爱读书，如果到时候他考上了，我一定在家摆酒席，热热闹闹地告诉所有朋友，我儿子考上北大了。”听了这话，心里开始默默为之而感动。

每个父母都希望孩子能接受到最好的教育，而优秀的大学，将是他们走向崭新人生的一个关键阶段，曾经有一位父亲就感慨道：“走了这么多路，吃了这么多苦，才感觉到，人生最美的时光就是读书的日子，如果我的孩子真的能考到一所优秀的大学，不管他想读多长时间，我都会努力地供他读下去。让他在美丽的校园里想待多久就待多久。”听了这样的话，不知道为人父母的你会不会也有相同的感觉。离开校园越久，越会对那段美好的时光难以忘怀。而我们也清楚地知道，未来自己家中的男孩儿也会走进大学的校园，经历和我们一样的青春年少，假如我们能提前到达那个时代，谁不希望自己的孩子能在这最好的学校享受那段人生中最美好的时光呢?

或许孩子现在还小，跟他说的太多他也听不懂，但是有一点我们可以做到，那就是提前带他们到大学校园走走，看看里面的风景，感受一下那浓重的学院气息，在大学的长凳上躺一会儿，抬头看看头顶上温暖的太阳，树影环绕之间，宛如一个青年的身影踏上了属于自己的前程之路，而那就是他们自己啊。

说到这儿，想起了在北京工作的一对父母，在讲述孩子成长道路的时候在微博上分享了这样一段经验：

每到假期，孩子都会吵着出去玩儿，开始我们没什么目标，但后来觉得即便是出去玩儿也应该具备一定的教育意义，北京有那么多所著名的高校，就算我们带着孩子一天转一所，也能转上至少两个多月，与其带着他傻玩儿，不如就来他一个学院一日游，让他提前感受一下高等学府的氛围。

于是我们一到周末就带着儿子去一所名校，而儿子也开始被这些名校的氛围所吸引，当他坐在清华园的长凳上仰望天空的时候，突然说了一句话，让我当时也跟着心潮澎湃："爸爸妈妈，我觉得早晚有一天这里是属于我的，我有这种感觉，我与这里有个约定，很久远的约定。"那时候我就想只要儿子能成，要我做什么都行。

从那以后，儿子学习越来越努力了，年级排名一路飙升，我们也看到了希望。之后一有空闲，我们就会带着儿子到清华园里去玩儿，每次去他都有不一样的感受。真的希望以后儿子能够梦想成真，完成他与清华园的久远约定。

只要进过大学的人都知道，那里的氛围与别的地方是不一样的，一阵风吹过，你总是会感觉到一种别样的气息，历史的积淀，年轻的心灵，未来的憧憬，美好的一切都在它清新的空气中交织着。让人一进大门心就安静了下来。所以经常带孩子到高等学府去走走是没有错的，让那种为学氛围沁入心脾，成为美好的期待，那里一草一木的记忆，将会渗透内心，编撰出一首最美丽的歌。歌里冥冥中正在唱着："尽管明天还很遥远，但其实就在脚下，我和你有个约定，若干年后我会到来，到时候我们可以真正属于彼此……等着我哦，一定等着我……"

第十二章

创造机会：孩子，你应该学会与人交往

“哎，我的儿子怎么了？家里一来人就躲起来，那么怕生啊。”生活中我们经常会看到家长侃侃而谈，而儿子却沉默寡言，还没说上几句话就羞红了脸。为什么会有如此大的反差呢？其实，为人父母的我们相信，儿子并非没有社交的天分，而是需要我们不断地为他创造机会，教给他应付不同场面的方法，实践的次数多了，自然轻车熟路，身边还愁没有志同道合的小伙伴吗？

给人赞美，给人认同

有一位激励大师曾经说过："一句真诚的赞美，完全能够改变一个人的一生。"在孩子的成长历程中，作为父母除了要不断给予孩子赞美和肯定，还要引导孩子不断地发现别人的优点，不断地给予别人最积极的评价。这样的行为就像阳光，照亮了别人也温暖了自己。

有人说："良言一句三冬暖，恶语伤人六月寒。"适时地给别人一个肯定，恰到好处地给对方一个赞美，往往可以瞬间缔造出无穷的力量。而这个时候，人与人的心灵会拉得更近，彼此越容易敞开心扉，男孩儿也更容易因此寻觅到更多以诚相待的朋友。

东东和妈妈在家楼下的院子里玩儿，突然看到了一个对着墙打乒乓球的男孩儿。男孩儿的技术非常熟练，让在旁边看着的东东都入了迷。

东东："妈妈，我很想和他一起玩儿。"

妈妈："那就去找他玩儿啊。"

"可是……可是我不认识他啊！"东东一脸害羞和为难。

"没事儿，妈妈教你一个方法。"妈妈胸有成竹地说。

东东："什么方法？"

妈妈："你去说，小哥哥，你打起乒乓球来真棒，样子太帅了。"

“然后呢？”东东继续问道。

妈妈：“然后你就说，我想跟你一起玩儿。就行了啊。”

东东：“能行吗？”

妈妈：“你用心地去赞美对方，他会很高兴的，你愿意跟他一起玩儿，他会更高兴的。你不觉得他这样很孤单么？只能对着墙打。”

东东：“好吧！”

于是妈妈躲在了一边，东东鼓起勇气走到那个小男孩儿面前说：“小哥哥，你打得太漂亮了，挥球的动作太帅了，我也想能打球打到你这个样子。我们一起玩儿好吗？”

只见那个男孩儿先是一愣，然后微笑起来，友好地说：“好啊！想打球我教你。你叫什么名字？”

东东高兴地自我介绍：“我叫东东，你呢？”

小男孩儿笑笑说：“我叫玉阳，就叫我阳阳吧！”

……

于是，两个小孩儿一边聊，一边玩儿了起来，度过了一个非常美好的下午。

一句简简单单的赞美，就轻松地成就了一段友谊，作为父母我们应该不断地鼓励孩子去发现这个世界上美好的东西，并适时地给予真诚的赞美，大到美丽的景色，小到一个人无意中显露出来的亮点，假如家中男孩儿能够以此为乐，那么他的世界必然会充满阳光，无时无刻不沉浸在一个美好的氛围中。

作为家长只要你仔细观察就会发现，其实很多时候，男孩儿是很想去赞美别人的，只不过话到嘴边就会胆怯，会感觉非常不好意思，这个时候爸爸妈妈就要及时地鼓励孩子，勇敢地表达自己的看法。此外，父母还应该指导孩子如何把赞美表达得恰如其分，让对方听着既舒服又不觉刻意。这里面就包含了一些要注意的地方，下面有 3 点建议，希望能够在父母引导家中男孩的过程中有所帮助：

1. 真诚而得体

爸爸妈妈应该告诉男孩儿，赞美不说则已，只要从自己嘴里说出来就应该出自自己的真心实意。做人首先要真诚，而真诚最离不开的就是真实。给予别人真实的赞美，用真心去欣赏对方，而不是一味地恭维，溜须拍马，这样别人才会感受到你真挚的内心，一切都是符合事实，一切都是恰如其分，一切都是刚刚好，而就在这种刚刚好的火候中，完美的友谊就这样建立起来了。

2. 赞美用词要得当

很多男孩意识到了赞美的重要，但发出赞美以后并没有收获良好的效果，主要原因在于自己所做出的赞美有失妥当。曾经就有一个男孩儿委屈地说："我太想跟他玩儿了，结果我夸了他他还生气了，气哼哼地就走了，难道我说错话了吗？"面对这样的问题，爸爸妈妈应该引导孩子学会用词得当地赞美别人。比如有些孩子因为自己长得黑而自卑，就最好不要对他的肤色发表言论，否则即便是你再怎么赞美，对方也仍然会觉得那是一种不真诚的恭维和讽刺。

3. 赞美需要不夸张的修饰

不可否认，赞美之词是需要修饰的，但过分夸张的赞美就会变成阿谀奉承，如今很多人为了拉拢关系不停地对某人大发赞美，最终连对方都不相信自己真有那么优秀，最终对说赞美之词的人产生怀疑，不知道他说出这些话的目的何在。所以作为父母我们应该告诉孩子，赞美不是一味地给对方扣上不切实际的帽子，而是应该发自内心，没有任何其他的目的。

赞美代表着一种境界、一种涵养，是对别人的一种肯定、一种理解。真正的赞美是一种无私的给予、是一种与别人完美的沟通，同时也是一种对对方真挚的祝福。爸爸妈妈要让男孩儿明白，赞美别人是一种内心美好情感的产物，经常真诚地赞美别人，也一定能经常得到他人的称赞。所以，假如真想成为一个受欢迎的人，那就不断地用真诚捕捉对方的闪光点，带上自己的真心，收获的一定是对方的真诚。

羞涩男孩儿也能成为社交达人

每个人都可以通过不同途径走向成功，但走向成功的旅途中绝对不能没有朋友。我们应该从小让他们明白，随着他们年龄的增长，陪伴他们更多的可能不再会是父母，而是各种各样具备各种专长的朋友，他们可以帮助他们走向理想之路，甚至在某一个关口发挥至关重要的作用，可以在他们正处于迷茫期的时候为他们指引方向。而这个时候作为父母的我们，往往会因为不再年轻，而沦为他们诉说心事的忠实听众，但究竟能不能帮上什么忙，真的很难说。

美国的赖斯·吉布林在他的《人际交往的艺术和技巧》一书中说："各种各样的科学研究已经证明，如果学会了如何与他人打交道，不管你的工作和职务是什么，那么你就在通往成功的道路上走完了85%左右的行程，而在取得自己的幸福生活上有了99%的把握。"未来的时代是一个非常有活力的时代，要想让别人了解自己的想法，就需要具备良好的沟通能力。

那么怎么锻炼羞涩的孩子主动与别人交际，慢慢从爸爸妈妈的身后走向身前，信心满满地与人交往呢？其实孩子害羞，不代表心中没有与人交流的欲望，一旦打开了他们的那道心门，一切就会水到渠成。作为父母，只要掌握好引导的技巧，他们就能很快地适应环境。

下面就针对当下男孩儿可能出现的两个重要的问题，分享一些引导的策略和方法，希望对爸爸妈妈们有所帮助：

1. 自闭与防御心理

如今很多家庭中的男孩儿都是独生子女，从小一个人长大，当陌生人出现的时候，心里就很容易形成一道防线，尽管有些时候他们自己也不知道为什么，但心里会觉得躲在爸爸妈妈背后会比较安全。这就形成了一种自我封闭，自我防御的状态。面对这样的问题，爸爸妈妈可以和家中男孩儿好好谈谈，鼓励他们勇敢一点，只要家里来人至少先要勇敢地和对方打招呼，跟对方说上几句话，哪怕这几句话仅仅只是我们提前规划好的固定模式。时间一长，男孩儿就会发现，原来主动跟陌生人说话并没有什么不安全的隐患，反而会赢得对方的微笑和称赞，自然心里会慢慢放松下来，以前的自闭防御感就会在这种意识的改变下自然地消失了。

2. 自卑与交往恐惧心理

有些男孩儿之所以见到生人就跑开的原因在于对自己的不自信，总觉得自己身上有些不令人满意的地方，比如觉得自己太黑，觉得自己语言能力差，觉得自己长相不好看，怕被人看笑话，等等。其实别人未必会有这样的反应，但是他们心里早已经因为这些顾虑纠结紧张起来。

面对这样的问题，爸爸妈妈可以想办法让孩子意识到其实自己是具备很多优点的。要不断地暗示家中男孩儿：“你很优秀，只是你自己不知道。”如歌唱得好，字写得清秀，作文写得漂亮等，帮助其建立自信心，同时，积极鼓励他们勇敢地在人前表现自己。时间一长，孩子会意识到：“哦，原来我是这么优秀的一个人。并不像以前想的那样。我应该在更多人面前证明我自己。”这个时候，他们就会改变以前的状态，勇敢地走向人前了。

在集体活动中找到志趣相投的玩伴

明明弹了一手好钢琴却无人来倾听，一个人组装了一个庞大的航母模型却无人观赏，自己对着军棋发呆找不到愿意当自己对手的人……假如孩子总是这样，一个人在家，除了寂寞以外，很可能永远感受不到集体精神的强大，尽管自己有很多喜欢做的事情，却找不到一个倾听和欣赏自己的人，这是件多么可悲的事情啊。

尽管男孩儿嘴里不说，但是心里一定在渴望着朋友。这种朋友并不是什么爸爸妈妈从同事朋友家生拉硬拽来的年龄相仿者，而是真正能和他玩儿到一块的人，能和他有一样兴趣爱好的人，能够与他一起动手，一起欣赏，一同提高的人。或许在每个男孩儿心中，都有这样一个或几个小朋友，他们非常友好，和他拥有一样的向往，只要他们在一起，总是能迸发出很多新的点子，发明出很多不一样的玩法，大家相伴的每一天都会非常快乐。但是这些小朋友在哪儿呢？作为爸爸妈妈，如何能帮助孩子找到自己最知心，最志同道合的朋友，就成了我们对孩子引导方面的一个问题。

那么，带孩子参加一些集体活动是一种行之有效的办法，给孩子找到一个和孩子爱好方向一致的集体。在这个集体中，有很多的孩子都怀有同样的爱好，同样的目标，大家在一起就是为了能在某个领域里有突飞猛进的进步，于是在一个或几个老师的带领下，大家一边交流一边学习，一边感受这个领域给自己带来的快乐，时间一长，小朋友与小朋友之间会悄无声息地留下联系方式，最终成为志同道合的知己。这是一个鼓励孩子进行社交的过程，相比于漫无目的地寻找，这样的社交更具有针对性，也更符合孩子的口味。在这期间，大家会感受到互助的快乐，会彼此为了完成一项集体任务而互相出谋划策，私下还会有很多心得交流，这样的集体生活对孩子来说一定是美好而有乐趣的。

让他们在活动中自己找到志同道合的玩伴，同时也意识到集体荣誉感的伟大，孩子会在其中找到更多的快乐和自我价值。

或许我们的孩子在某一领域不是多么的出类拔萃，但是有一点是明确的，一个人不管以后从事什么样的事情，都不可能脱离群体而存在，一个群体就是一个集体，只有自己努力地适应集体，在集体中不断地付出和得到，才能最终一点点地贴近自己的梦想。作为一个孩子，我们应该让他们在集体中学会互帮互助，让他们在集体中学会承担和接受，让他们在集体中将自我荣誉升华到集体荣誉，将自己的小欢乐转变成在集体中的大欢乐。这不但是一种小我的蜕变过程，也是一种人格的升华过程。在这个世界上，只有热爱集体，把集体的事情当成自己的事情去做的人，才更容易受到别人的尊重和爱戴。

那么应该为孩子选择一个什么样的集体呢？看看下面的建议，希望对大家有所帮助：

1. 专项夏令营、冬令营

一到寒暑假，很多男孩儿就开始了一个人在家的生活，由于爸爸妈妈还要上班，做完作业的他们会非常无聊，有些爸妈甚至无奈地只能把孩子反锁在家里，这样的生活必然会影响到孩子的身心健康。假如这个时候能够给孩子选择一个夏令营、冬令营的活动，而活动的内容正好符合孩子的兴趣爱好，而且是一群孩子聚在一起，一同来讨论大家都很感兴趣的话题，那对于孩子而言必然是天堂一般的日子。

在这里要说的是，报什么样的夏令营、冬令营，爸爸妈妈最好还是要听取孩子的意见，不要自己觉得什么样的集体活动对孩子有益就强制孩子去，这样不但会让孩子在这样的集体中手足无措，而且还找不到自己志同道合的朋友。内心也会因此而沮丧紧张，那样的话就得不偿失了。

2. 周末集体郊游

时下网络上有很多集体活动的帖子，其间也不缺乏一些相当不错的主题，在周末休息的时间里，带着家中男孩儿参与一些这类的集体活动，和很多的孩子和家长一起，到郊外山清水秀的地方去看看风景，爬爬山，来一顿丰盛的聚餐，不管是对于大人还是孩子都是一种相当不错的精神享受。

在交友活动中，男孩子会很自然地组成团队，发明自己想玩儿的游戏，一边锻炼强健的体魄，一边交到了可以玩儿得很合拍的好朋友，这样一箭双雕的事情真的应该得到我们作为父母的支持啊。

3. 学校的课外活动

如今很多学校都为学生准备了丰富的课外活动，有自然小组，有文学小组，还有体育小组、音乐小组，等等。对于家中男孩儿来说，首先学校里的同学很多都是自己熟识的，有一定的亲切感，即便上课的时候不在一个班，却也能在这样的课外活动中成为志同道合的朋友。在小组中，同学与同学之间可以建立良好的团结协作关系，有了更深一步交流的机会，而这对于他们日后在学校的交流与学习都是非常有好处的。要知道，有缘在一个学校学习，从某种意义上来说就已经是彼此的半个朋友，假如再有共同爱好的话，那就真的算是志同道合了。

男孩一生不能缺少朋友

儿子：“妈妈，你知道地球为什么会自西向东转吗？”

妈妈：“不知道啊！为什么呢？”

儿子：“乐乐说是受到了一种强大的引力。你说真是这么回事吗？”

妈妈：“这个……”

儿子：“我觉得这可能不完全正确，所以周六的时候我想和乐乐去图书馆，看看资料里是不是这么写的。”

妈妈：“是吗？那好啊！乐乐很喜欢看书吗？”

儿子：“他妈妈给他买了一本《十万个为什么》。他有时候读完了以后会给我讲，还挺有趣的。”

妈妈：“所以你们就成为好朋友了是吗？”

儿子：“还成吧，我觉得他这人挺有意思的，知道很多好玩儿的事儿。妈妈你知道恐龙为什么会灭绝吗？”

妈妈：“啊……这么多的知识啊，儿子还是去和乐乐探讨吧！”

总有一天作为父母的你会发现，孩子问的问题自己越来越招架不住，可他嘴里提到的那些朋友却可以对答得有条不紊。总有一天我们会发现，对于他们所要面对的选择自己真的拿不出什么好的建议，但他嘴中的朋友却可以说得既有条理又思路清晰。总有一天，对于他们所遇到的困难，我们能做的只有陪着他一筹莫展，但他嘴中的朋友却可以在关键时候伸出援助之手，把他们从枯井中救起，从而拥抱整个蓝天。是啊，总有一天我们会失去在孩子眼中无所不能的强大一面，而他们会在朋友的帮助下一点点走向强大。这或许是一个人必将经历的成长历程。而男孩儿在迈开脚下第一步的时候，作为父母我们应该对他说的是："去努力地结交朋友吧，一个男孩儿的身边怎能缺少朋友相伴呢？"

这个世界上对朋友的概念有很多，古代余伯牙和钟子期，一曲《高山流水》传为佳话；桃园刘关张，肝胆相照，九死不悔；《共产党宣言》的旗帜下彼此结识的马克思和恩格斯，被誉为世间最伟大的朋友。这一切都应该成为家中男孩建立友谊过程中的榜样。拿出自己的真挚，倾听朋友的声音，找到共同的努力方向，不论是一段路，还是一辈子，都要好好珍惜每一个当下的彼此，因为这就是一种缘分，对每一个缘分心怀感恩，感恩他们陪伴自己走在了当下的路上。

曾经有一个男孩儿这样伤感地对妈妈说："妈妈，我可能要失去一个特别好的朋友了，阿德说过不了一个月，他就要和爸爸妈妈举家搬离这个城市了。见面的机会少了，他会不会就把我忘了？"

看着男孩儿伤心的样子妈妈说："那儿子还有阿诺、阿丹、阿荣啊。这些好朋友不是一直都在你身边吗？我家儿子那么重情意，身边怎么会缺少朋友呢？只要你像珍惜和阿德这段友谊一样，去珍惜他们与你建立的友谊，未来的日子里，你们还会拥有更多的快乐的。"

听了妈妈的话，男孩儿的心里好受了很多。

这时候妈妈告诉他："人生这辈子，朋友和朋友之间的友谊有时候是说不准的。有的人一辈子就是两条平行线，你能看到他他也能看到你，却一直没有交流的机会。有些人会成为两条相交线，中间有了一个交点，聊得特别默契，却终要分道扬镳。而有些人会彼此成为一条永恒的直线，两个人会相互支持，长远地走向永恒。而这些都是不可以强求的。所以儿子要知道，尽管有些朋友只能陪你走一段路，但我们可以用心珍藏起你与他所走过的每一段美好的记忆。有些朋友会在某个交叉路口和你分离，这时候你要给予他最真挚的祝福。当然只要你一直朝着自己的方向走，用心地珍惜生命中的每一段缘分，就总会遇到与你一起结伴而行的朋友。他们会分享给你很多，你也会从他们那里受益很多，那将是又一段精彩的旅程，而那些一路陪你走来的朋友，就是成就你一路精彩的火焰，边走边珍惜，越走前面的火焰越美丽。”

听了这个妈妈的话，心里真的非常震撼，作为一个男孩子，他的一生必将会遇到很多的朋友，我们应该让他们知道，朋友对自己的重要，他们会慢慢成为自己生命中不可缺少的一部分。而朋友的位置往往是父母无法替代的。珍惜生命中的每一段缘分，将每一个朋友记在心里，心才不会寂寞，困难看上去才不至于那么可怕。

学校里的“小帮派”

妈妈：“你为什么打同学？”

儿子：“谁让他欺负我兄弟呢？”

妈妈：“你兄弟是谁？”

儿子：“阿楷，我们说好有福同享有难同当的。”

妈妈：“你们还形成小帮派了！”

儿子：“小帮派怎么了？我们都是好兄弟，他受了难我就得帮他！”

妈妈：“帮他就打人吗？”

儿子：“他不欺负阿楷，我能打他吗？还是他自己欠揍。”

以上的对话来源于一位家长和一个学生，看了这段对话以后，作为父母，我们心里是不是也有些莫名的担心呢？孩子找到志同道合的朋友是件高兴的事，但假如好朋友变成了小帮派，那后果可就难以想象了。学校不是江湖，更何况现在的男孩儿还仅仅是个孩子。社会是什么样他们一点都不了解，假如这个时候恍恍惚惚地因为意气用事而闯出祸端，影响到的必将会是他们的一生。

一位妈妈曾经在微博上写下自己这样的焦虑：

有一天下班回到家，看到孩子正在电脑桌前专注地看着一部电影，神情里满满的全是崇拜。绕到他后面一看，这部电影的名字叫《古惑仔》，里面的内容大概是江湖上的帮派中，兄弟之间肝胆相照，一起处理江湖中自己与其他帮派中的恩恩怨怨。

于是，我就在一边问："看这样的东西干什么？"

孩子不以为然地告诉我："你不懂，这是我的偶像，我们班好多男孩儿都在看呢。"

"那你们在学校都做些什么？"我问道。

"我们组织了自己的帮会，里面现在也有几十个兄弟了，我们要同甘共苦，肝胆相照，一方有难八方支援。"

听了这话，我心里咯噔一下，赶快打电话给班主任把自己听到的告诉了她，挂上了电话内心还是难以平静，真不知道这些孩子如此下去会闯出什么祸来。他们还那么小，即便是再志同道合也不应该拉帮结伙啊，而且这么多正面的偶像可以去学习，但他们的偶像却是《古惑仔》，难不成以后全要成为江湖中的"小黑道"吗？那父母花费那么多钱培养他们，就是为了让他们在学校中成为未来黑社会的一分子吗？

当天我就跟孩子进行了非常深入的交流，我要求他退出他们的什么帮会，他却一点没有意识到问题的严重性，反倒说我多管闲事，但是我不会放弃，我一定要把儿子从偏移的轨道中纠正过来。

这位妈妈的忧虑是非常必要的，时下很多学校都爆出了一些类似的案例，例如，一个学生受到一帮学生的殴打，究其原因不过是因为无意中拿错了一个同学的作业本，两人发生了口角。由于被拿错作业本的男孩儿是学校里某帮派的一员，所以帮派里所有的小男孩儿就聚集起来为他出气。结果导致被打的同学身体上出现多处创伤，最终心理失常，不敢去上学，也不敢跟人说话。结果家长找到学校，参与打架的学生都受了不同的处分，而他们却还满不在乎地以此为荣，长此以往下去，男孩儿的教育该如何进行呢？

作为父母，我们当然不愿意孩子加入到这样的学校帮派中，但孩子的一些无奈却也真的值得我们理解。比如有个男孩儿就说："大家都加入了这个帮那个派了，假如这个时候我保持中立，那结果只能是哪个帮派都欺负我，出现问题谁也不管我，那我在学校还怎么待啊。"面对这样的问题，作为爸爸妈妈的我们怎能不担心？这时候如何引导孩子妥善地处理好学校小帮派这样的问题，就成为要办的头等大事儿。

那么究竟应该怎么处理好学校小帮派的事情呢？看看下面的建议，希望对爸爸妈妈们有所帮助：

1. 纠正思想，加入小帮派并不是一件引以为豪的事情

面对小帮派这样的事情，首先要改变的就是孩子的思想，父母应该找时间针对这个问题跟家中男孩儿好好地谈谈。问问是否忘记了自己的理想，是要成为自己心目中理想中的样子，还是一步一步成为黑社会中的一分子？再告诉他，小帮派危害的严重性。两者对比之后，孩子就自然会对自己的未来做出判断，思想得以纠正，行动上就会产生变化，意识到自己走错了路，这时候父母再介入调整就会容易很多。

2. 解除担忧，没有帮派保护也会很安全

很多男孩儿在意识到自己错误思想以后，还是会担心如果没有帮派的保护会在学校受到排挤和欺负。这时候爸爸妈妈应该鼓励孩子勇敢地面对，放下那些所谓帮派的恐惧，告诉他只要自己能够努力地学习，对身边的每一个同学给予同样的微笑和尊重，不盲目地对他们的行为加以否认或评论，把更多的心思专注于自己的学习，时间一长，就可以找到志同道合的朋友。即便没有帮派的保护也同样会很安全。那些帮派中的孩子，自然不会影响和干扰自己了。

3. 与学校老师保持密切的沟通

一旦发现孩子正渐渐陷入学校帮派之争的困扰，作为父母我们首先应该及时和老师取得联系，这样的联系可以是秘密的，不一定要让孩子知道。老师会根据自己多年来的工作经验及时、妥善地处理好这些问题，这样可以让孩子无形中获得老师的帮助和保护。这样孩子所面临的帮派危机很快就会迎刃而解了。

第十三章

逆流而上：男儿当自强，怎能随便向挫折低头

比起女孩子而言，男孩子天生要有那么一点英雄气概，正如海明威在书中写的那样："人可以被毁灭，但不可以被打败。"面对挫折，作为一个男孩子应当自强不息、迎难而上，且不可在这纸老虎面前低下头来。其实，这是一个应该从小就被训练的项目，作为父母要告诉自己的儿子："挫折并不可怕，可怕的是你会长久深陷于它所制造的虚假恐惧中。"一个人不经历挫折怎么会成长呢？人生不总是一帆风顺的，这些他从小就应该知道。

挫折是上天恩赐的礼物

如今的小男孩儿都是家里的宝贝，假如够聪明，学习好，那种优越感便会无形地在他小小的内心蠢蠢欲动。假如一直这样顺利倒也无可厚非，只是天有不测风云。这就好比我们成人眼中的多变世界，明明看起来风平浪静，不知道什么时候，一阵风便开始了一场暴雨。作为父母我们应该告诉家中男孩儿，挫折是上天恩赐的礼物，没有摔倒几乎不可能长大。

放学后，小朱朱气哼哼地回到家，一把把书包扔在沙发上开始生闷气，妈妈问："朱朱啊，怎么啦？一回来就生气，发那么大脾气干什么？"

"哼！有什么了不起的，妈妈你知道吗？这学期刚换的那个班主任真是太令人失望了。今天我们不是调换座位吗？换就换了吧，小组长也跟着调整，结果别的组的小组长都没动，就把我给弄下来了，我每天都很努力，又没有什么做得不好的，前段时间还受到数学老师表扬呢？您说她是什么意思啊？有意见直说啊，这么一弄，跟我犯了什么错误似的，反正我觉得特别没面子。"

"那你以后想怎么做呢？"

"她的课以后我都不想好好听了，什么班主任啊。"

"那你害的还不是你自己吗？也许班主任老师不是故意的，况且，学习知识是你自己的事，又不是为她，不好好上课不是自己犯傻吗？"

“那怎么办？”

“嗯……要依着妈妈说，保持一颗平常心。从某种角度讲，我倒真要感谢这位班主任呢。她给你上了一次如何处理小挫败的必修课。”

“什么？妈妈还要感谢班主任？”

“她让我儿子提前知道了挫败的感觉。朱朱啊，妈妈昨天看了一个小故事，说拿破仑小时候上学经常被老师、学生嘲笑，说他个子矮，家里穷，想在班里谋个一官半职简直是奢望，但面对这样的挫折，他并没有灰心丧气。他每天努力地学习，记了大量的笔记。之后他用所学的知识，玩儿起了自己的游戏，他把自己看成一个将军，在自己画的图纸上布阵，率领想象中的军队在脑海中冲锋陷阵。最后怎么样，当机遇降临的时候，他一路百战百胜，成为了当时法国人眼中的英雄。而那些在学校顺风顺水的同学，谁也没有获得他那样的成就。

所以朱朱，挫败有些时候并不是一件坏事，它也可能是上天恩赐给你的礼物，正因为你很出色，才会让你经历更多的挫折来考验你。一个小组长不当了没有关系，从另一个角度想，也未必不是件好事，这样朱朱就有更多的时间用来学习，去做更多自己喜欢的事情，这难道不是一种解放吗？要我看，你真应该感谢你的班主任，是她把你从那么多琐碎的事务中解放了出来啊！”

听了妈妈的话，朱朱觉得非常有道理：“是啊，我确实解放了，我应该好好学习。对了妈妈，上天会把我改造成拿破仑那样吗？”

“那就看你喽，看我们的小朱朱能不能经受得住这份天赐礼物的考验喽。”

“嗯，我一定能！”小朱朱自信满满地说。

从那以后，小朱朱更加努力地学习，成绩由前十，提升到了前五，还有一次竟然得了全班第一，所有同学都因此对他刮目相看。

在挫败这件事上，不论大小，心里都不会觉得好受。或许原因并不在自己，却要承担一份突如其来的痛苦。明明自己可以得到的东西，却转眼间成为了别人的心爱之物；明明可以达到的高峰，却因为各种原因被无情地取消了前往的机会；明明再努力一下就可以得到的成果，却让别人一下子捷足先登。是啊，这个世界就是这么爱开玩笑，他会笑着考验你的勇气，考验你的恒心，考验你对待挫折的方式。中国有句古话："天将降大任于斯人也，必先苦其心志，劳其筋骨，饿其体肤，空乏其身，行拂乱其所为。"每一个成功的人都不是一蹴而就的，假如他们的人生是一本书，那么从开篇到末尾，最为他们辉煌增色的就是那些饱受挫败的经历。人生没有挫折就不会精彩。

小小的一个挫败，很可能就是一个前进的动力，平和地去接受它，坦然地去面对它，把它当作人生旅途中的一道风景，调整自己的心态，用另一个角度去思考问题，或许这时候会发现原来那些困扰自己的痛苦根本没有一点必要。案例中小朱朱的妈妈，借用拿破仑的故事激励孩子，并在关键时刻用分析的方法解除了儿子的痛苦，引导他从容地面对挫败，积极地面对今后的生活。这必然是一种影响孩子一生的引导，假如想让未来的家中男孩儿人生更加幸福，经受得起挫败的考验，那么就从现在起锻炼他们如何去享受这份上天恩赐他们的礼物吧。未来的路还很长，让孩子拿出越挫越勇的精神，明天才会一片光明。

所以作为父母，我们应该从小就告诉家中男孩儿，有挫折的人生往往是最好的人生，挫折是上天恩赐给每一个人的礼物，它虽然会有些隐隐的苦味，但回味起来却是满满的真挚情感。

想拥有外面的世界，就先练好你的承受力

为人父母的我们都希望孩子有一个美好的未来，当家中男孩儿长到一定的年纪，我们最爱问他的话就是：“长大想做什么啊？”当他们借着这个问题侃侃而谈时，我们的内心也充斥着希望的火苗，那感觉就好像看到了他们的明天。但千里之行始于足下，拥有远大的理想很重要，但为理想不断付出努力更重要，追逐梦想的道路上迟早要经历波澜，当困难的考验来临的时候，选择前进还是退缩将直接决定明天的自己能不能兑现曾经的承诺。

作为一个成年人我们已经经历了人生的很多风雨，现在乃至将来仍然还要继续接受上天对自己的一个个考验。在这样的旅程中我们经历了坚持到最后的成功的喜悦，也看到了不少因为一个挫折就一蹶不振的案例。

曾经有人说：“小时候很开心，有很多的梦，可越长大越不开心，到了而立的时候开心的时间越来越少，因为感觉距离自己的梦想越来越远。”他们感慨到：“现实的残酷磨平了我们的棱角，之后才明白，那曾经的梦想不过是自己浅睡时一个不经意的幻象。”

我们也看到了一些人，他们在自己的道路上越战越勇，尽管经历了大起大落，却依然精神饱满，眼中充满了对明天的展望。

两者相比作为父母的你肯定希望你的孩子成为后者。那我们就应该从现在

开始行动起来，让家中男孩儿从小培养这种执着努力的精神，在挫折面前，越战越勇，经受住形形色色的考验。

嘟嘟从小就喜欢画画，他的理想是长大以后成为一名画家，为此爸爸妈妈为嘟嘟找了名师，也报了很多画画培训班。起初嘟嘟的画总是受到老师的表扬，而且多次被纳入少儿画展的行列。但突然有一天，嘟嘟却哭着不想画画了。这让爸爸妈妈很担心。

妈妈问："嘟嘟，为什么不想画画了？"

嘟嘟忧伤地说："妈妈，你给请的这个新老师，实在是太严厉了。我不管怎么用心地画都达不到他的要求，在他的眼中我的画一无是处，有一次我努力画了好久，他看了以后竟然生气地把画给撕了，还冲我发了一通脾气，说我的画死板，根本不是画画的料。同学们都那么看着我，我当时恨不得一头撞墙死了算了。我真的受不了。"

听了这样的话，爸爸沉默了一会儿说："那嘟嘟的画家梦就这么破灭了吗？你这样轻言放弃对得起未来的自己吗？"

嘟嘟一脸忧郁："可是……可是去那个老师那里上课，就好像待在了地狱。"

这时候妈妈说："嘟嘟你知道吗？这个老师的画曾经得过国际大奖，和你以前的老师水平完全不一样，他之所以会这么要求你，是在以一种超出基础水平的层级要求你，这时候指出的问题是毫无恭维的，是赤裸裸的，你要知道，严厉的批评往往胜过表扬。有问题就是有问题，不指出问题怎么会有长进？"

"可我快受不了了。"嘟嘟抱着头说。

"这本应该就是你成为画家所应该承受的东西。"爸爸严肃地说："不付出代价怎么能够走向成功。达芬奇学画的时候，老师让他一个鸡蛋画了无数次，这么枯燥人家也坚持下来了，最后才终于成为了世界上有名的画家。现在老师不过是说了你几次，就受不了了，就想当逃兵，这样的心胸怎么能承载下更广阔的世界呢？"

嘟嘟听了，低下了头。

“所以，嘟嘟不管发生什么，都要具备一定的承受力，只有承受了你才能得到。没有一件事的成功是不需要付出代价的，想成为一名优秀的作家，未来要承受的还有很多。而这位老师的严厉，或许仅仅只是你人生旅途中的启蒙教材。勇敢地去接受它，用心地弥补自己的不足，在他的帮助下，让自己越来越强大，这才是一个男子汉应该做的事情啊。”

听了爸爸妈妈的话，第二天嘟嘟继续去那位严厉老师的画室学画了。

看了上面的例子，不知道为人父母的你有没有感触。人生的路上一定会面对很多的挑战，而这一切最初的形态可能会让我们感到痛苦和无助，只有坦然地接受下来，坚持下来，才能积蓄力量冲破虚假的黑暗最终到达光明的顶点。这一切都应该是我们尽早要让男孩儿知道的，未来的路还很长，想拥有全世界，首先要锻炼的就是自己能够承载全世界的那份难得的承受力啊。

作为父母，我们真的不希望自己孩子的明天会因为某个艰难的坎儿而颓废不起，但我们又不能保证自己到时候就有办法帮助他们迈过那道鸿沟。我们所能做的就是教会他们勇敢地面对今后的人生，不论是风平浪静还是波涛汹涌，只要坚定自己的目标，就要坦然地去面对，勇于担当，无惧困难，因为这是每个走向成功的人必须要付出的代价。

记住，凡是打不垮你的都能让你更强大

著名哲学家尼采说过一句非常经典的话：“但凡打不死你的，最终都能使你更强大。”这个世界充满了挑战，迎风而上永不退缩，就不会被挫败的伤痛打败，所有的英雄都在成长的道路上留下了痛并快乐着的痕迹，教会孩子享受这种大浪中的漂移，才能够帮助他们真真正正地找到成功之路。

这个世界充满了未知，谁也不知道下一刻自己会经历什么，不管是孩子还是成年人，面对种种的未知唯一能做的就是经营好当下的自己，假如一些事情突然影响到了我们的情绪乃至今后的发展，种种的抱怨和伤感都是无济于事的。

曾经有一位成功人士被问及如何面对困难乃至灾难的时候，他做出了这样的回应：“能有办法的就想办法解决它，没有办法的就心态平和地接受它。倒霉不会永久地附在你一个人身上，但凡是打不垮你的，都能让你更加强大。”

作为父母谁不希望家中的男孩儿在面对困难的时候能够勇敢一些，不管未来经历什么，都能够坦然面对，这并不是人人都能做到的，但是只要不断练习就能在不久的以后结出绚烂的果实。

那么当困难降临，当突发事件不约而遇，当种种不可预知的问题涌现眼前，一个男孩儿究竟应该如何处理呢？看看下面的一些建议，希望对渴望帮助家中男孩儿的爸爸妈妈们有所帮助：

1. 别急着做出任何决定，深呼吸让内心快速平静

平静身心，安静地做几个深呼吸，然后去考虑到底应该怎样更好地面对它。当问题突然出现，对自己内心的冲击是不言而喻的，这个时候我们首先不要急着对眼前的一切做出安排，因为当下的每一个认知，都是思想混乱下的产物。这个时候最好的方法是把注意力专注于呼吸，让自己的内心平静下来，让自己的思想尽可能地保持平静，观察身体的感觉，让种种的不安都局限为一种感觉，然后一点点从身心散去。之后，确定自己的心神都已经安静下来，再一点点地回忆发生的事情，思考每一个细节，然后找到正确的解决方法。

2. 坦然接受，努力处理，把自己当成另外一个人

事情既然已经发生，必然会有诸多不可控的局面，与其自我纠结不如坦然接受，接受那些自己改变不了的现实，用平静的心态面对眼前发生的一切，假如事情有转机，就努力地去争取，但不要因此而扰乱自己的内心。当然，最理想的处理问题的方法就是不要把自己看得太重，也不要去想因为这件事自己所遭受的损失和痛苦。而是把自己当成另外一个人，以局外人的角度去看待问题，解决问题。这样思路会更清晰，情绪也会更轻松，不管发生了什么，都不会被轻易地吓倒，内心会变得坚毅而有定力。

3. 勇敢地去接受结果，对所有的一切负起责任

不管事情发展得是好是坏，总归会有一个结果。勇敢地去接受结果，不论它对自己意味着什么，这个时候种种的不安和恐惧都会消散，宛如一件事情终于到达了终点。心情坦然以后，为了更好地迎接明天，我们可以试着引导孩子，对当下所有的一切都负起责任，不管过去怎样，未来怎样，当下的自己已经与自己和解，再也不会因为过去或未来的某件事而痛苦纠结。过去的已经过去，未来的还没有到来，而当下的自己也已经对自己负起了责任，一切都已经恢复了平静和安定，将一切驻足在当下，安静平和地处理好身边的每一件事，相信明天的太阳依旧明媚温暖，削弱这件事给自己带来的负能量，让自己的内心尽可能地回归愉悦。

4. 稳定内心，做一些可以让自己平静下来的小事

假如这个时候的自己所有的事情都已经做了，就在等一个结果。那么这就意味着用什么样的情绪去等待，结果也不会发生什么改变。这个时候最好的方法就是保持内心的平静，如果觉得实在把握不了，父母可以和孩子一起做一些简单的小事，比如一起在家里画幅画，写写毛笔字，看一本与等待之事没有一点关系的书。转移自己的注意力，保持良好的心态。最终不因结果不理想而悲，也不因结果太理想而喜。我们应该让孩子知道，一个结果并不代表整个人生，勇敢地接受一个坏结果，或许正是自己这辈子最重要的一课。

其实一个人一生中会遇到很多事情，有些人之所以没有被打败，主要原因在于他没有被眼前的困难所吓倒，这样的人往往可以在关键时刻做出正确的选择和判断，不仅不会被打败，反而可以以自己的心态影响事情的发展走向。作为父母，我们应该让孩子明白，良好的心态对于孩子来说有多么重要。面对挫折这件事，最重要的是不被吓倒，不被吓倒就不会被打败，而那些打不垮自己的必将会使自己更加强大。拥有强大的内心，才可以更坦然地面对挫折，可以更细腻地品味生活，才可以更理智地面对诱惑，可以在一贫如洗时悠然自得，可以在富贵乡里笃定不移。

失败是成功之母，只要坚持就没有“不可能”

这个世界上本没有真正意义上的失败，成功的人在人生的旅途中不断地验证着各种走向胜利的途径，尽管这条路走起来并不轻松，时常会因为一个奇特的想法成为别人的笑柄，但是他们还是坚持了下来。正如一位长跑者说的那样：“漫长的黑夜你不必去寻觅光在哪里，只要一直向着太阳升起的方向跑，天自然会亮起来。”这里面深深的含义，正是我们为人父母者对家中男孩儿最经典的教材，看着他们一天天成长，看着他们趴在窗前面对世界好奇地张望，耳朵听着他们嘴边不断涌动的未来梦想，一切的一切仿佛都在说：“尽早地告诉他们吧！实现梦想的路上会经历无数次失败的考验，但不要忘记失败是成功之母，只要坚持，世界上就没有什么‘不可能’”。

说到把“不可能”变为“可能”这件事，历史上有很多经典的故事，古代老人愚公因为励志付出世世代代的坚持迁移大山，以一种持之以恒的精神感动了天庭；爱迪生经历了一千多次失败点亮了世界；史泰龙经历了无数次拒绝最终荣登影帝；马云熬过了无人问津的年代建立了自己的商业帝国；乔布斯面对种种否定仅仅说了一句：“现在就去做。”这些人之所以能成功与其说在于智慧，不如说在于坚持。只要肯坚持，保持好一颗恒心，就一定可以在最终得到自己想得到的一切。

康康特别喜欢棒球运动，心中的理想就是有朝一日成为一名具有一流技术的棒球运动员。但教练对他并不是很看好：“你的身材比例不够协调，跑步速度不快，接球灵活性不高，这些都会影响你在比赛中的表现，而我可不想因为这一切冒险让你上场。如果你一定要当棒球运动员的话，根据我的经验，你可能会一直去坐冷板凳，如果是这样那你愿意继续坚持吗？”

教练泼的冷水让康康很难过，回到家哭了很久，闷闷不乐。

“怎么了，康康？”妈妈忙问。

“今天教练说我根本不适合打棒球，说我身材比例不好，反应慢，跑步速度不快，可能会一直坐冷板凳。你说我该不该放弃啊？”

听了康康的话，妈妈想了想问：“那康康真的想当棒球运动员吗？”

“想，做梦都想。”

“那就不要被别人的话左右了自己的理想。尽管人的先天条件我们决定不了，但是我们可以通过后天努力去弥补啊！跑步的速度是可以通过不断锻炼进行自我弥补的。灵活性是可以通过不断练习而提高的，身材是可以通过不断锻炼而结实的。我相信假如康康能够不断坚持的话，总有一天我们可以锻炼到让教练眼前一亮。”

“会吗？可我现在已经落选已经失败了啊！”

“怎么会？教练不过是告诉康康目前身上的不足啊！只要我们有针对性地加强锻炼，肯定会有改善的。关键就要看康康愿不愿意坚持自己的理想了。再说这点失败算什么，失败是成功之母啊！说不定老天在考验康康呢。”

“真的吗？”

“当然，从今天起妈妈跟你一起去运动锻炼，必要的时候妈妈就带康康找一个最专业的体能锻炼私教帮助康康练习，相信过不了多久，我们家康康就会以一个全新的姿态呈现在大家面前了。”

“好！我一定会坚持的。”

从那以后妈妈和康康每天坚持锻炼三个小时，康康的体格也因此有了很大变化，最重要的是，这个小男孩儿在不断地坚持锻炼中磨练了自己的意志，现在他已经成为学校棒球队里的主力了。

看了这个例子，不知道作为父母的你有什么新的领悟，作为一个男孩儿最重要的一点就是要有坚强的意志，要勇敢地面对困难，当然也应该以一种平和的心态面对每一次的失败。有些时候，失败仅仅是在告诉我们这条路行不通，但这并不意味着我们理想的大方向出现错误。而这都是我们作为父母应该介入引导孩子的地方，告诉他们坚持到底的重要，毕竟所有走向成功的人，都是伴随着这样的节奏和步调，一路走来的。

该痛苦的时候，就放手让他痛苦

很多男孩儿从出生起就顺风顺水，一路上没有遇到什么过不去的事情，所以从一开始他们就觉得自己的思想才是最正确的，这种想法越是成长到一定的年纪就越是根深蒂固。结果某天北风刮来，一下子撞了南墙，那种心底的痛啊，怎么也过不去。作为父母，很多时候我们对他们不成熟的行为早就有预见性，但没有必要那么快地点明，碰碰壁也是好的，只有感受了这份痛苦，今后的人生才会走得更顺利。

曾经在一本书上看到了儿子和爸爸相处的一个必然规律，在文字中儿子这样回忆父亲：

小时候，我觉得父亲很强大，无所不能，什么事情只要告诉他，一切都可以顺利搞定。

到了十几岁的时候，我发现父亲其实也有很多事情做得差强人意，他并不是什么事情都是对的。

十七岁的时候我开始叛逆，觉得眼前的这个男人很愚笨，没有任何智慧，处理起事情来畏首畏尾，而自己要比他强大得多。

二十多岁的时候，我碰壁了，一些事情让我一蹶不振，那个时候我想起了爸爸，发现他以前说过的很多话都是对的，非常具有前瞻性。

三十岁，我开始意识到父亲的伟大，并不仅仅因为他的慈爱，还因为他的阅历，回顾以前人生的点点滴滴，我发现曾经年少轻狂的我才是真正的傻瓜，而那个时候的父亲才是最聪明的人。

看了这样一个男孩儿的成长经历，回头再看看那个坐在地上玩耍的男孩儿，为人父母的你，会不会也顺着这条时光隧道的指引看到了他成人的样子？如今的孩子，从一生下来就顺风顺水，耳边听到的夸奖大于批评，以至于从小就不知道自己的弱点在哪里，总是觉得自己对事情的判断才是最正确的。而事实真的是这样吗？作为父母我们知道，很多时候他们的想法过于稚嫩，很多细节在思维逻辑上梳理不通，做起事情总是脑袋一热不计后果。但假如我们想劝解时，他们又会显得相当不耐烦，会告诉你："这是我的事情，不用你管。"可最终当自己真的撞破了头，摔到了谷底，变得一蹶不振、泪流满面时才恍然大悟。

其实很多家长是不忍心看到孩子撞墙的痛苦的，可这里要告诉您的是，让男孩儿从小感受一下碰壁的痛苦，也未必不是一件好事，它会成为他们受用终身的一堂课，它会用结果告诉他们："这个世界上真正的成功，不是倚靠脑袋一热就一蹴而就的。所有要解决的问题，必须进行深思熟虑，才能显现出真正的雏形。有些时候多听听别人的建议很有必要。没有那么多想当然，想得再好也抵不过实践……"在孩子因为自己认定的错误思想而亢奋的时候，作为父母，我们可能说什么事情他都听不进去，假如是这样，我们不如表现出暂时的沉默。不支持他，但是也不盲目地否认他，让他自己在现实中验证想法的对错。因为我们应该知道，孩子迟早会长大，迟早会独当一面地处理各种问题，那个时候的我们会和现在的状态一样，给予一定的建议，然后站在一旁，至于听还是不听那是他自己的事情。

真正聪明的父母，会让孩子在验证了自己思想错误的同时明白，原来父母的建议是如此的明智，正所谓强扭的瓜不甜，想让孩子听话，首先就得让他心服口服。

所以让一切自然地来自然地去吧！早些碰壁早些明白，该让孩子痛苦的时候，就放手让他痛苦。古人曾讲："痛定思痛。"说的就是这个道理，没有痛苦哪儿来总结？作为成年人，回顾自己曾经走过的路，哪一个不是在经历一番痛苦后不断总结而得以长进的？曾经有一位成功人士就感慨道："真正成功的人生就是走了很多路，撞了很多墙，最终依然活了下来，然后总结经验，继续前行，直到看见光明的那个点。"

孩子虽然小，但我们知道他必将踏上这趟人生之旅，究竟未来的道路会怎样？自己想法是否能实现，那将是一个自我验证的过程。所以放手让他去实践吧，告诉他："我不能陪你走到永远，去验证你心中想的，成功是你的事，碰壁痛苦也是你的事，这本就是你人生路上应付出的代价。"

男儿有泪不轻弹

当孩子很小的时候，哭是他们给予父母唯一的信号，不管是吃饭还是喝水，乃至身上有任何一点不舒服，他们都会用哭的方式告知爸妈。之后他长大了一点，哭声仍然是他与爸妈沟通的利器，想要的东西没有得到会哭，摔倒了会哭，不想做什么事情也会哭。那时候在他们眼里，哭还是很管事儿的，只要自己一哭，大人就不会勉强自己。可是作为父母我们知道，虽然孩子现在可以用哭泣的方式与自己撒娇耍赖，但现实的社会是不吃这一套的，要想赢得别人的尊重和重视，最重要的是靠自己努力去奋斗，以坚韧的态度向别人证明自己的实力，假如这个时候还像小时候那样动不动就哭泣，必然收获的只有对方的嘲笑，他们会觉得这个人实在太懦弱，一定是一个成不了大器的人。没有人会在意一个哭泣虫的需求。

所以，孩子到了一定的年纪，爸爸妈妈就要教孩子学会坚强，作为一个男孩子，就要有男孩儿的样子，首先要在心中树立这样的思想：“好男孩儿走四方，遇到何事心胸坦荡，男儿有泪不轻弹，笑面人生志比天高。”一个人只要能够坚毅地活着，这个世界上就没有什么事情是他过不去的。摔倒了在地上哭是无知的，它并不能带来别人的怜悯，更残酷的现实是，总会有一些人会迈着高傲的步伐从你身上踏过去。一个人如果真的想赢得别人的尊重和重视，最智慧的选择就是在摔倒了的那一瞬间快速地爬起来，因为只有当你以坚强的姿态站在那里的时候，别人才会走过来与你交流，感受你内心的丰富。而这正是我们为人父母应该尽早让孩子知道的事情。

小磊快十岁了，非常想学自行车，于是爸爸给小磊买了辆非常漂亮的自行车。两个人高高兴兴地来到一个空场地开始练习。

小磊学得很带劲，但就是掌握不了平衡，一不小心就摔倒了，膝盖破了一层皮，流血了。一看自己流血了，小磊坐在地上哇哇大哭起来。爸爸看见后，走了过来，他首先看了一下小磊的伤，发现不过是一道小伤口，便用随手带的湿纸巾为他擦拭。

“啊！疼，你慢点了，呜呜呜……”小磊一边哭一边抱怨着。

看到儿子这个样子，爸爸皱起了眉头。“小磊，这点小伤算什么啊！知不知道男儿有泪不轻弹啊，为这点小伤哭成这样，以后让其他小朋友看到了还不笑你。”

“爱笑不笑，疼的又不是他们，我不骑车了，我要回家。”

听了这话爸爸不高兴了：“为这么点事儿就退缩了，亏你还是个男孩子，不行，现在继续骑，骑到可以自己把握平衡了为止。为这么点小伤，就放弃了学车的最终目标，是一种懦夫的行为。”

听了爸爸的话，小磊知道自己没有任何余地可讲了。于是又抽泣了两声，擦干眼泪，继续骑上了车，经过不断地练习，小磊终于掌握了骑车的要领，整个身体也运转得游刃有余了。一下子忘记了刚才的伤痛，沉浸在了骑车的快乐中。

回家的路上爸爸对小磊说：“知道为什么要你坚持练习吗？儿子，爸爸是想让你知道，这世上人人都有自己的奋斗目标，但真正能实现的却是屈指可数，主要原因就是因为很多人在向目标奋进的时候，碰到了自己觉得过不去的障碍，受不了了，于是一抹眼泪就放弃了。但事实往往是，只要再坚持一下，只要自己能忽略那些让自己痛苦的负能量，专注于自己想做的事情，就没有什么做不成功的。你看学骑车就是这样，假如那时候你因为摔倒受伤而放弃了练习，怎么会感受到学会之后那种骑行的快乐呢？

现实就是这么简单，没有任何一个地方喜欢哭泣虫，相反总是能实现目标的男子汉才是备受瞩目的焦点。”

听了爸爸的话，小磊点了点头，他终于知道未来的自己应该向哪一方向努力了。

看了小磊和爸爸的这段交流，作为父母的我们是不是内心也会涌动思想的波澜呢？回忆与家中男孩走过的点点滴滴，很多时候自己也会因为他们的哭闹和耍赖而生气，但回头想想：“哎，孩子总归是孩子，算了吧！”可我们应该意识到，正是因为我们对他们的放纵，他们才会永远把自己定位在幼稚的初级阶段，正是因为我们的一句：“算了吧！”他们才会是那个在哭泣中永远长不大的孩子。其实男孩儿的特质是需要从小引导的，他们应该更勇敢，更坚强，应该具备不轻易向命运妥协的睿智，而这一切都不是用哭声换来的，是应该用韧性的微笑赢得的。只有这样，他们才能在张开双臂迎接每一天的挑战的时候，不轻易被那些虚妄的纸老虎打倒，才能以一个男子汉的方式处理好一切问题。

所以从现在开始，把“摇篮里的奶嘴”撤下来吧，告诉他们这世界不相信眼泪，男儿有泪不轻弹，没有人喜欢他们装扮成哭泣虫的样子。

第十四章

调理起居：有强健的体魄，才有美好的未来

曾经听一位妈妈这样说：“孩子长大从事什么样的职业都无所谓，只要他喜欢就行，作为家长只是希望他能够健健康康地长大，不承受疾病的痛苦，平平安安就是福气啊。”是啊，作为一个男孩子，活泼的天性怎能少了一个强健的身体。所以作为父母，首先要做的就是成为儿子的贴身健康专家，为他调理好起居和饮食，养成科学的生活习惯，这样家中的男孩儿才能健康地成长。

搭伴儿晨练，不当小胖墩

宁宁今年七岁，在别人眼里是个不折不扣的小胖墩，小小年纪就挺起了将军肚。前一段时间，宁宁学校体检，结果表明肥胖已经使宁宁处于了相当严重的亚健康状态。一看到儿子身体已经到了这样的地步，做父母的怎能不着急。于是宁宁爸爸妈妈下定决心帮助宁宁减肥。

从那天以后，妈妈管控宁宁每天的饮食，而爸爸则每天陪伴宁宁去运动。起初几天宁宁还是很配合的，有时还表现得热情高涨。但后来随着锻炼力度的加强，他渐渐对锻炼失去了兴趣，每次一到锻炼身体的时间就找各种理由推脱，每次都得让爸爸催促好多次，才极不情愿地穿上跑步鞋子。

这个星期天，说好早晨和爸爸出去锻炼，结果都8点了，宁宁还是不愿意起床，后来宁宁爸爸实在憋不住火了，冲进房间掀开他的被子，把宁宁从床上硬生生地拽起来。为此宁宁大发脾气，他冲爸爸大喊："我不想跑步了，爱胖不胖，行吗？"

尽管时下正是男孩儿好动的时期，但总有一些男孩儿因为太胖十分不喜欢运动，面对这个问题，爸爸妈妈千万不要误认为是天性，更不要由着他继续散漫。当然动不动因为孩子不爱运动这件事儿大发雷霆也是不对的，它既解决不了什么问题，还会让孩子对运动产生更抵触的情绪。只有多给孩子一些鼓励和引导，让孩子感受到运动的乐趣和甜头，激发孩子积极运动的兴趣，才是更行之有效的方法。

1. 掌握一门可以随时随地进行的运动

如今小孩儿的学习很紧张，每天抽出大量的时间锻炼也变成了一种奢望，一旦身体疲倦，最需要的就是找到一种即刻可以有效运动的方法。这也恰恰证实了要掌握一门可以随时进行的运动项目的重要。

其实这样的运动项目很容易找到，教会孩子一套随时可以做得来的健身操；或者是进行加速度原地跑步；或者跳绳等，都是相当不错的缓解疲劳的锻炼。它不但可以有效地缓解男孩儿的疲劳状态，还能让他们的头脑更加灵活，更加聪明。

2. 不要让孩子把锻炼当成一种额外的负担

就想做自己喜欢的事，这或许就是作为一个男孩儿在这个年纪的天性，对于锻炼这件事儿，他们总是习惯性地依照自己的喜好和意愿进行，完全不具备任何的针对性和目的性。如果这个时候爸爸妈妈强制性地告诉他们：“你该锻炼了。”那他们就会从心理上觉得锻炼是爸爸妈妈强制在他身上的一项任务，是一种负担，因此心里就会产生一种强烈的抵触情绪。所以，作为父母我们应该扭转孩子的这一心理观念，让他们知道这并不是什么负担，而是爸爸妈妈想跟他一起出去玩玩。我们可以为孩子设计一些更为有趣的运动项目，比如篮球、排球、足球、飞盘、毽子等，让孩子在玩儿的过程中有效地锻炼身体，这样才能确保他们能够把锻炼身体这件事坚持下来。时间一长必然会有意想不到的效果。

3. 了解孩子心理，和孩子一起分析不爱运动的原因

有些时候我们仅仅只看到孩子不爱运动，却不知道孩子不爱运动的原因。所以爸爸妈妈可以和家中男孩儿一起坐下来分析到底为什么不爱运动。这时候有些男孩儿可能会说，跑步的时候肚子一颠一颠的，路上的人都在笑话自己。有些男孩儿会说，早上起不来，想多睡一会儿，还有些会说实在太累了，锻炼一次回来，半天缓不过来。只有知道问题的根源，爸爸妈妈们才可以跟男孩儿一起从根源上解决不爱运动的问题。该心灵疏导就疏导，该调节时间便调节时间，该降低强度则降低强度。总之，经过改善后的运动计划必然会更贴近于孩子的需求，毕竟那是为他量身定做的。

掌握方法，让孩子一夜好眠

“我真不知道怎么搞定家中儿子的睡觉问题，该睡觉的时候他有各种理由不睡觉，常常纠缠我到半夜，而疲倦的我明天还要上班，这样的恶性循环怎么办？我真的快受不了了。”一个妈妈在微博上这样宣泄。

或许已经为人父母的你也经常会遇到类似的事情，家中男孩儿晚上不睡觉，有时候玩儿得兴奋起来，拉着爸妈一起陪着玩儿到深夜，一遭拒绝就会生气、哭闹。早晨却怎么叫都叫不醒。长此以往，不但大人受不了，孩子自己的身体也会受到影响。

小良是一个好动的小男孩儿，而让爸爸妈妈无法接受的是，他最好动的时间在晚上。一天小良做完了作业，就开始在屋子里玩儿玩具，屋子里一会儿听见电子枪的轰鸣声，一会儿又听见他拿着玩具电话喊道：“我是747，我是747，请求火力支援，请求火力支援。”眼看已经快九点了，爸爸开始催促他洗漱睡觉。结果他一脸精神地说：“我根本不想睡觉。”

“那也得睡了，都这么晚了。”

“不，我怕天黑，我怕没有亮光的地方。”

“听话，赶快去睡觉，洗洗脸，洗洗脚。”

在爸爸的催促下，晚上9:30小良好不容易躺在了床上，本以为一切万事大吉，正当爸爸妈妈准备睡觉的时候，小良打开了他们房间的门："我刚才做了一个噩梦，我不敢闭眼了。你们谁陪着我一起睡？"

无奈之下，妈妈走进小良的房间，想尽一切办法让儿子睡觉，最后好不容易小良睡着了，妈妈一看表，竟然已经到凌晨了。

也许你也和例子中的那对父母一样，一到晚上就紧张，生怕又是一场针对儿子的"睡眠战役"要打。很多时候我们明明看到孩子已经很困了，但就是坚持着拼命不睡。尽管他们已经不断地揉眼睛、打哈欠，但只要是有一点不顺心就会开始矫情地哭闹起来。事实上这是另一种精神疲倦的现象，并不意味着他们不需要休息。

事实上，家中男孩儿睡不好，既损害孩子的身心健康，又严重影响全家人的睡眠状态，所以如何打好家中男孩儿的这场"睡眠战役"就成为摆在父母面前必须攻克的难题。没错！只能胜，不能败。一定要找到方法，彻彻底底地解决这个问题。

那么究竟有什么好方法呢？看看下面的建议，希望能对为人父母的你有所帮助：

1. 睡前洗个热水澡，用最适于安眠的沐浴露

尽管家中是个男孩子，最好还是能够养成每晚一个热水澡的好习惯，这个时候爸爸妈妈可以为他准备一款易于安眠的沐浴露和护肤品，让他在清洗身体的过程中得到彻底的放松，这样做更有利于营造一个安静舒适的睡前氛围，舒缓精神，便可以更顺利地进入梦乡。

2. 放一些舒缓的音乐，尽量避免精神兴奋的活动内容

快要到睡觉这个项目之前，爸爸妈妈最好制止一切容易引起孩子精神兴奋的活动项目，适当地放一些柔和舒缓的音乐，让他们的精神放松下来，抑制他们大声喧哗的冲动，让他们的心慢慢平静，融入到即将进入睡眠状态的宁静里。

3. 调和灯光，创造宁静，尽量不要打扰初睡阶段的孩子

有些父母在把男孩儿劝上床以后，以为一切万事大吉，便自己回到客厅看电视去了。可很多时候我们没有意识到电视的声音和灯光的明暗对正准备入睡的男孩儿影响有多大。有的男孩儿躺在床上，耳朵却还在专注地听着外面的声音。有的男孩儿因为屋子突然黑了下来而感到恐惧，这时候就需要父母为此做出一些自我调节。假如男孩儿因为怕黑而害怕的话，在屋子里为他点一盏柔和的小灯，或是下意识地给门留道缝，让客厅的光隐隐约约地投射进来，这样往往能够让他们更安心。另外，如果孩子总是受到客厅声音的干扰而无法入睡时，爸爸妈妈就需要做出牺牲，以身作则，把电视关掉，和孩子保持同样的作息时间，假如觉得时间还早，我们可以为自己选择一本想看的书，这种阅读下的宁静是不容易影响到家中男孩儿的。

有什么话，等吃完饭再说

现在很多爸妈工作都很忙，回来以后还要买菜做饭，照顾家中男孩儿的起居，每天忙得团团转，但为了能够知道孩子现在的情况，及时对其进行教育引导，很多父母会把与孩子沟通的时间安排在饭桌上，每天一上饭桌孩子刚要动筷子，爸妈就开始过问孩子：“最近在学校怎么样啊？”“什么时候考试啊？”“你同桌小胖得了多少分？”“老师最近有没有什么新要求？”一听这，孩子不得不放下饭碗来回答，如果碰上哪天的考试没有达到父母的要求，紧跟着后面就是一通劈头盖脸的批评，这饭吃得，跟心里揣了个小兔子一样，怎能不影响男孩的心理健康？长此以往，身体怎么受得了。所以在这里要对父母说的是：“别再进行餐桌教育了，有什么话，等吃完饭再说。”

想想吧，你希望自己在吃工作餐的时候被领导打扰吗？刚拿起筷子，就有人跟你谈工作，刚把心放松起来，领导一句话心又提到了嗓子眼。假如工作中遇到这么一个爱打扰人的上级，作为下属的自己会不会也抱怨多多，饭也吃得心情全无，不知其中滋味。

曾经有一位作家回忆自己小时候，几个小兄弟一到吃饭的时候就蜂拥而至，然后一边说笑一边吃饭。这时候站在一边的阿婆连忙制止说：“吃饭的时候不可以打闹说笑的，一定要专注安静，不然你们怎么能够品尝得到每一粒米的香气？有什么话等吃完饭再说。”其实中国古代的教育，并没有什么餐桌教育的成分，相反老祖宗要求自己的每一位子孙都要做到独立守神，古语讲：“食不语，寝不言”。说得就是专时专用，在吃饭的时候就用心、专注地吃饭，这样自己的神明才会安定。神明安定了，身心才会彻底放松，这样吃进去的东西的营养才能被良好地吸收，身体才会更健康。

只可惜现在很多糊涂的爸妈并没有意识到“饭桌教育”对孩子身体造成的伤害，时间一长，孩子的潜意识里就会产生逆反心理，继而开始排斥吃饭，或不愿意与父母坐在一个饭桌上。

此外，还很有可能导致孩子出现消化不良的状况。家长在教育孩子的时候，由于孩子想快些逃离这个压抑的环境，总是草草地吃两口饭就找理由离开，所以在吃饭的过程中没有那么多时间细嚼慢咽。时间一长，就造成了孩子胃肠消化的负担。此外，一旦被父母发现一些自己表现不好的事情，只要一听到爸妈高八度的重语调，眼泪就开始稀里哗啦地流，情绪显然坏到了极点，这样一边哭一边吃饭的状况，很容易会被食物卡住，严重的可能直接危及生命。有什么话，等吃完饭再说。这是一种对对方最好的尊重，也是一种父母对儿子爱的体现。作为父母，我们可以每周抽出一到两个小时来和孩子进行深入的探讨和交流，了解他在学校的所有情况。如果有特殊需要，可以在饭后一个小时左右拿出30分钟对儿子说出自己想说的话，这样一来，既不会影响到孩子吃饭的心情，也可以让孩子专注地把自己要说的话记在心里。时间一长，孩子身体健康了，摄食丰富了，心情也很放松，这对他们的未来是非常有好处的。

仅仅一个小小的改变，就可以让孩子拥有一个更健康的身体，所以用心调配好与孩子交流的时间吧！总而言之，还是那句劝慰：“孩子的身体最重要，有什么话，等吃完饭再说吧！”

为孩子制定一周的早餐食谱

营养对于我们人体而言是生命的源泉、健康的根本，而食物则是营养的主要来源。不同年龄阶段的人，所需要的饮食营养是各不相同的。而对于家中男孩儿而言，拥有营养均衡的三餐，将会使他们终生受益。但在现实生活中，很多父母都听说过科学饮食，但什么才是真正的科学饮食，自己的脑子里并没有明确的概念。一些年轻的父母们总是想给自己家的男孩儿吃得更好一些，更丰富一些，但却忽略营养均衡这个关键环节，直接导致孩子因为涉入了大量高蛋白、高脂肪的食品而出现身体的热量超标，反而影响了孩子的身体素质，造成了诸多不良后果。

正所谓一日之计在于晨。男孩儿早晨的第一餐吃得好不好，对于他们的生长发育和智慧开发都至关重要。很多现代营养学家都明确肯定了早餐对于人体健康的重要性。而作为孩子身边的"一线调理专家"，爸爸妈妈则更应该关注孩子每一天的膳食，提前为他们制定好一周的营养早餐食谱。

中国人有句俗话："早上要吃饱，晚上要吃少，中午要吃好。"而就目前而言，很多家庭的早餐实在是太过简单，一直处在营养摄入不足的状态，65%的双职工家庭，时间都是相当紧的，爸爸妈妈因为上班的原因根本无法顾及孩子的早餐，只能做到孩子想吃什么就为他准备什么，总而言之，以吃饱为原则，草草了事。也有一些父母虽然考虑到了营养均衡的问题，但孩子却对他们的努力一点都不买账，一句："你做得太难吃了。"就足可以让父母备受打击，出于无奈，在孩子的不断要求下还是会供给他们一些油炸食品。由此感慨道："哎，儿子的早餐真是难做啊！"别着急，现在就教给大家一些搭配方法，希望对家有男孩儿的你有所帮助。

1. 米麦搭配

对于孩子而言，一个星期内至少应该有四天主食以米饭和面食为主。同时爸爸妈妈应该尽可能每天为孩子准备一些自制的小点心。如南瓜饼、绿豆糕、豆沙包等。这样在丰富孩子饮食花样的同时，还可以为孩子补充一定的膳食纤维素和碳水化合物。

2. 粗细搭配

在菜的安排上，爸爸妈妈应该尽可能加入一些豆类食材，如豆腐、豆芽等。而从平时的点心安排上尽可能加入玉米、老南瓜、红薯等粗粮，这样和主食大米以及面类搭配，不但可以在营养上形成互补、粗细搭配，有效地促进孩子肠道的蠕动，促使孩子生长发育健康，还可以有效杜绝孩子挑食的坏毛病。

3. 干湿搭配

中医有句老话叫做"饭前喝口汤，不用医生开药方"，这话说得很有道理，在饭前喝上一口汤对胃气的提升很有帮助。消化科专家说："吃饭前，先喝汤是个好习惯，因为这几口汤等于给消化道加上了一层'润滑剂'，使食物得以顺利下咽，防止之后摄入的干硬食物刺激我们的消化道黏膜。"因此孩子的一日三餐中，最好还是干湿搭配比较好。每次在吃饭之前，一定要准备一道汤，假如能让家中男孩儿养成这种吃饭之前先喝汤的习惯，那就再好不过了。当然这里要记住的是，喝汤要掌握前后，如果饭前不喝汤，吃饭时也不进汤水，则饭后会因胃液的大量分泌使体液丧失过多而产生口渴，这时才喝水，反而会冲淡胃液，影响食物的消化和吸收。

少吃药，提高男孩儿自身免疫力

7岁的小米又病了，平时活蹦乱跳的他一下子没有了精神，在这之前他的身体就不太好，总是感冒。小米的爸爸妈妈很关心小米，只要儿子一出现点什么症状，马上就带着他去医院抓药、打针、输液，结果孩子的小屁股被打得又红又肿，在一旁看着的爸爸妈妈那个心疼啊，可为了孩子的安危着想，自己也只能狠下心来忍着。

之后有个懂行的同事告诉小米的妈妈：“别总给孩子吃药打针的，他还那么小，需要锻炼自愈能力，能自己挺就自己挺过去，没事的，这样反而对孩子的身体好。”可小米的妈妈却不安地说：“那孩子严重了怎么办，回头严重了不是更受罪吗？还是要到医院去看看的，买点药给他吃心里放心。”结果，到现在小米的抵抗能力很差，一受凉就感冒。而小米的爸妈还是那样，只要儿子一受凉立刻就带去看医生。

估计很多父母都像小米的父母那样，一碰上孩子难受感冒，心里就心疼得不知道怎么好，恨不得那个生病的人就是他们自己。一想到孩子老是生病，这么一直拖着，孩子感冒严重了就坏了，所以秉持着让孩子少遭罪的理念，只要孩子一有什么问题，就赶快带着孩子上医院买药、打针。曾经跟一个朋友带着孩子去医院打针，一进医院，放眼望去到处都是病怏怏的小病号，当时就感慨，这哪儿是医院啊，简直就是一个交叉感染的传染源，把孩子送到这里还能放心？有些父母看见孩子太难受了，希望孩子快速恢复健康，一到医生那里便直截了当地说："大夫，我们想还是给孩子打针比较好。"想象一下吧！一个小小的感冒，至于那么兴师动众吗？可很多家庭就是这样，为了让孩子快速恢复，很多家中的药箱里面的应对"武器"包含各种抗生素。试想一下孩子小小年纪就吃这么多药，即便是生病的症状改善了，可身体怎么能受得了？

长时间以来，很多父母都在认识上存在误区，生病就要找医生看病，打针吃药才是治疗病症的最佳方案。当有人向孩子的父母建议锻炼孩子的自愈能力时，他们会首先投向一个不信任的眼神："自愈能力？这真的靠谱吗？孩子还那么小，他能有多大能力和疾病抗争啊？"或许很多父母觉得，孩子的机体正在生长发育阶段，体质脆弱，根本抵御不了疾病的侵袭。而事实真的如此吗？医学证明，儿童的身体有着相当完备的自我调控体系，体系中各个系统的综合活动构成了孩子的纯阳之体，而这样的身体应付外界的各种干扰是绰绰有余的。对于所有人而言，应付感冒这样的小病，即便不治，没几天也能迅速地好起来。因为人体的"自愈力"是与生俱来的。但是假如我们总是倚靠外力，一出现点小问题就打针吃药，那"自愈力"就会一点点削弱下来，身体中的各种机能也会逐渐失去平衡与协调，最终出现大病小病都来敲门的现象。

中医有一种说法叫做"正气存内，邪不可干"。说的是，能够导致我们身体发病的原因虽然很多，但那仅仅是一种导致发病的条件，大部分时候，我们的人体都是可以和这些"敌人"和平相处的。面对孩子感冒这件事，之所以感冒后长时间不见好转，主要的原因还是在于自身的体质薄弱。

按照古代中医的理论，不到万不得已是尽可能不用汤药治疗的。中医名著中就有非常详细的治疗选择优先顺序，其大概内容是，能导引行气按摩的，就尽量不用药熨、针灸，能用药熨、针灸的就尽量不用内服汤药。由此看来，内服药物一直是医生留在最后的一种方法，除非病情严重，否则尽可能地不去用。

可现在的父母，一看见孩子得病就吃药，与古时医家的理念真的背道而驰。所以在这个问题上我们作为父母一定要反思，尽可能为孩子选择最好的治疗康复方式，不要一味地求快，因为那些急功近利的方法未必有利于孩子长久的身体健康。

老人常说："是药三分毒。"药物再有效，吃到孩子的身体里也会有副作用的。有关专家证实，即便是药性较为柔和的中药，在进行人体治疗的过程中也是会产生一定副作用的，所以作为父母，看到孩子生病，与其不断地给孩子吃药，不如采取一些其他的办法促进孩子的自愈功能。例如热敷、按摩这样的小方法，往往就能够处理很多儿童身上的病患，效果也未必比吃药差。

所以在这里最后提醒大家，家中男孩儿出现小病小灾，爸爸妈妈可以重视，但不要过于盲目，小病少吃药，开启孩子的自愈大门，才是对他们未来的身体最大的眷顾。

清淡饮食，吸收营养要均衡

在男孩儿的成长过程中，最离不开的就是父母做的饭菜，虽说现在生活条件好了，时不时出去吃顿大餐也很正常，但是这并不意味着，这一切能够替代得了爸爸妈妈手里的锅铲和锅勺。事实上，作为成年人，我们在外面吃饭时间长了回到家，都会想着吃上一碗热腾腾的家常面，更何况是正在长身体的孩子。

当下很多男孩都有偏食的坏毛病，究其原因主要是因为他们对某种味觉有了一种特殊的感应。而这种感应很可能与妈妈孕育他们的时候的饮食有着很大的关系。例如妈妈孕育宝宝的时候，喜欢偏甜、偏咸的食物，而宝宝在妈妈的肚子里就已经感应到了这种味觉，所以当他来到这个世界上，与这种味道再次相遇的时候就会有一种先天的亲切感。总是莫名地喜欢这种食物的口感，而其对浓淡的认知，只要仔细观察，几乎都会与妈妈孕育期间的饮食情况有着不小的渊源。

据说，一个人的味觉是与生俱来的，单从舌头上来说，其味蕾就能分辨出酸、甜、苦及咸味。而感知这四种味觉的程度，是可以经过接触与训练，慢慢增加、自我调节的。单以咸味举例，父母所用的含盐分的调味料越多，家中男孩儿对于咸味的耐受程度就会越来越高。也就是说，当我们在烹煮菜肴的时候，每天循序渐进地多放盐的话，男孩儿一般是辨别不出来的，那感觉就跟以前没什么区别。而当有一天，爸爸妈妈突然将盐还原到了最初的用量上，会突然觉得怎么自己在味觉上感觉不一样了呢？很明显男孩儿不适应了，觉得口味怎么那么淡，一点味道都没有，自然也就不爱吃了。

在男孩儿的整个成长过程中，作为父母，我们一定要特别注意“清淡”二字。而对于家中男孩儿的饮食口味，作为父母，我们也绝对不能以自己的口味作为家中男孩儿的口味标准。很多父母都没有注意到，男孩儿的体积体重与我们成人的体积体重相差好几倍，假如这个时候，你一定要按照自己的标准和口感来判断孩子的口味，即便你吃着偏淡，对于宝宝而言还是过咸了。

那么说到这里，究竟妈妈做些什么才能有效地抑制孩子口味过重的偏好呢？下面就让我们一起来分享一些好的诀窍和方法吧。

1. 设计全家口味，保持一致，集体清淡

男孩是靠父母影响的，从降生以后，他的一言一行都受到父母的熏陶，而口味也是如此，假如男孩儿进入这个家庭，从一开始就没有让他觉得饮食上有什么过重的口味，那么他便会对这种清淡的口味非常适应。而家中的菜肴，尽量少用过多的调味品，以免在反复的盐量摄取中影响到孩子的口感。

2. 饮食尽量以蒸菜、鲜果蔬菜汁为主

蒸菜目前可以说是最可以保留蔬菜营养的一种烹煮方式，在运用调料上也不用过于复杂。而这恰恰是适合男孩儿的最佳吃食。当然对于男孩儿而言，很多时候自己还是无法拒绝饮料、甜食的诱惑，这个时候，妈妈最好的调理方法是，为他榨一杯原汁原味的果汁或蔬菜汁，必要的时候加少量的蜂蜜，每天限量给孩子饮用。这样，孩子在满足了饮料口感的同时，在营养上只有受益，没有伤害。

3. 尽量不让孩子接触垃圾食品

垃圾食品好吃，味道口感对孩子而言很有诱惑力，主要原因在于其中加入了很多诱人的佐料，而这一切对于孩子的身体而言都是杀伤力非常大的。因此，尽量少把孩子往这些餐馆和食物面前带，即便是孩子看见了也要学会引导。最好是找一些这方面的资料，给孩子讲明这些食品对身心的伤害，让他们自觉远离垃圾食品。而在孩子的零食方面也要特别注意，最好是适量地为孩子准备一些干果，切记少盐的为佳，这样孩子在微量元素上还可以得到很好的补充，这对他们之后的大脑发育是会起到非常好的作用的。

第十五章

培养爱心：心怀大爱，才能拥有更美好的人生

突然有一天儿子回家告诉你："妈妈，男孩子一定要保护女同学，因为老师说她们很柔弱。"这时候作为家长的你会不会跟着会心一笑呢？宝贝儿子，未来这个世界上有很多人、很多弱小的生灵需要你的关爱和呵护，小到一朵娇嫩的小花，一只雪白的小兔，大到无边的海洋和世界的和平，你的使命会越来越重，现在爸妈就要培养好你的那颗博爱之心。让它伴随你走向更美好的未来，你做好准备了吗?

这个世界上，什么样的人才真正受人尊敬

如今这个时代，很多人崇拜金钱，总觉得只有那些手里有很多钱的人才算得上真正的成功。不少年轻人都秉持“经济基础决定上层建筑的理念”。拼命为拥有更多的财富而奔波，而当他们真的具备了一定经济实力的时候，却发现对眼前的世界迷茫了，不知道自己从哪里来，又将去向哪里。曾经有一位事业有成的人感慨道：“曾经以为有了钱就能改变一切，但事实并非如此，总有一些事是你用多少钱都难以解决的，总有一些人是你花多少钱都难以得到的，越是走到事业的巅峰，心里就越是空虚，越是迷茫，越觉得以前的努力都没有了意义。想找到一个懂自己的人实在是太难了，想从金钱的牢笼里走出来也太难了。尽管我现在拥有了别人眼中美好的一切，但我并不快乐。反而会羡慕那些拥有平凡快乐时光的人，如果可以重新来过，我绝对不会过现在这样的生活。”

看了这段感慨，或许为人父母的你会觉得这完全颠覆了自己的幸福观念，原本以为好的知识、能力会创造好的未来，未来有了经济基础就能找到幸福的人生，可事实真是的这样吗？什么才是真正意义上的幸福呢？怎样的人生才真正是受到别人尊敬、爱戴的人生呢？

为了家中男孩儿的未来，我们现在就重新用心思考一下这个关于幸福与受人尊敬的问题。

关于幸福，不同的人有不同的定义，但至少我们要让孩子知道，被这个世界尊重的人什么时候都不会沦为欲望的奴隶。他们对人友善，心怀感恩，他们愿意把自己的正能量传递给更多的人，他们分享着别人的快乐，宽慰着别人的痛苦，他们努力地去关爱身边的每个人，把别人的事情当成是自己的事。当别人快乐地告诉他自己已经成功地实现了自己的愿望，他会衷心地为他们快乐，就像自己也实现了愿望一样。这种爱是无私的，是真挚的，假如你真正走进这些人的世界，你就会发现在他们的生命中没有痛苦，只有快乐和幸福，因为每一天他都在为抚平别人的不安，解决别人的困惑而努力，在他们的世界里，别人的事情永远要比自己的事情重要，而自己最重要的事情，往往也跟别人有关，这样的纯美心灵升华到了一定的高度后，他们忘记了自己，完全沉浸在了帮助别人的快乐中。这就是为什么他们赢得别人尊敬与爱戴的原因。

这样的人在这个世界上有很多，只不过我们从来没有注意到，以至于在我们心中忽略了他们为这个世界无私努力的价值。作为家中男孩儿的父母，假如真的希望孩子日后的人生能够得到真正意义上的幸福，那么从现在开始就要让孩子幼小的心灵明白，在这个世界上什么样的人生才是真正幸福的人生，成为什么样的人才是最幸福的人、最受别人尊敬的人。

这种精神意识的引导是潜移默化的，它有着一种无形渗透的力量，一个小细节，一句很有教育意义的话，都对孩子的未来有着非比寻常的影响。例如，爸爸妈妈可以从小培养孩子那种与人分享后的喜悦，拿出自己最喜欢的东西，和身边的小朋友一起感受那份分享中的美好和快乐，这会让他们意识到，原来美好是可以传递和分享的，将这种快乐传递到更广阔的地方，快乐的正能量就会不断地凝聚，而内心也会因此收获更多的幸福感。再比如，爸爸妈妈可以培养孩子关爱别人的习惯，用心引导他们去帮助别人，小到在别人找不到文具盒的时候递上一支铅笔，大到拿出压岁钱去实现一个山区小朋友看书的愿望，这一切都会带给他们快乐的感觉，这让他们意识到，原来帮助别人是那么快乐的事情，原来雪中送炭可以让对方那么的欢喜雀跃。

作为父母，我们要为孩子做的事情还有很多。对于这颗单纯稚嫩的心灵，我们所能给予他的不仅仅是财富、知识和美好的生活。我们还应该更好地帮助他们建立自己的心灵家园，让他们知道自己来到这个世界不仅仅是为了享受父母怀抱中的那一点点局限性的美好，而且应该用自己无私的博爱去带给别人更多的快乐。真正的幸福，在于在不断付出中体味得到，在不断给予中感受幸福，当这种思维意识在男孩儿的心中成为习惯，他就会明白成为这个世界上受人尊敬的人很简单，尊敬爱戴身边的每一个生命，他们就会把同样的幸福传递给你。

创造机会，让孩子体会奉献的快乐

回想我们小时候在学校里，老师总是会教育我们说：“你们是祖国的花朵，长大了要回馈社会，奉献青春，为这个世界造福。”或许当时在我们的思想里并不知道社会是什么，青春是什么，世界又是什么。但有一点却让我们记忆深刻，我们是要为这一切努力奉献的，奉献是很光荣的，很快乐的。所以从那个时候起，我们知道努力学习是为了未来的奉献，我们知道锻炼身体是为了明天结出更多奉献的果实。我们开始一点点为捐献希望工程积攒下我们本可以买冰棍的零花钱，我们会偷偷地帮助邻居的老奶奶倒垃圾却从来不会让她知道是谁。从那时起，我们明白做好事不留名是件很潇洒的事情，我们一边唱着“学习雷锋好榜样”，一边把这个偶像记在了心里，而这一切都成为我们少年时代不可磨灭的记忆。

现在经济在发展，社会在进步，速度惊人。可是也暴露出一些令人担忧的问题，有些父母明显地感觉到，现在的孩子明显要比自己小时候自私了，少了奉献的精神。一事当前，首先想到的是自己会不会受损失，而不去想这件事会不会给更多人带来影响。假如这种现象继续下去，孩子会成为自私的利己主义者，享受不到奉献的快乐，更感受不到为别人付出的价值。

所以为了孩子能有一个更美好的未来，作为父母，我们要尽早将孩子这种不利于自我发展的错误意识纠正过来。

一位聪明父亲的做法很值得我们借鉴：

小山今年五岁，是家中唯一的男孩儿，生活条件优越，爸爸妈妈爱，奶奶姥姥疼，平时家里所有成员都宠着他，这让小山感觉生活得很惬意很优越，但同时也养成了自私自利的坏习惯。

看到儿子的表现爸爸心里开始着急了，他深深地明白假如这个问题得不到及时的解决，势必对儿子的未来造成影响。于是他决定为儿子创造一种奉献的环境，引导他体会奉献他人的快乐。

一天小山从幼儿园回来，看见爸爸在整理他屋子里的玩具，很奇怪。

小山："爸爸，你在干什么？动我玩具干什么？"

爸爸："哦，我跟玩具沟通了一下，他说他要为小山多找几个好朋友。"

小山："啊？玩具会说话？我怎么这么长时间都没发现啊？"

爸爸："因为小山每次都自己玩儿啊！玩具说，自己玩儿感受不到分享的快乐，交不到知心朋友。所以我们要作为小山的使者帮助他找朋友。明天有一个希望工程义工联谊会，到时候小山会带我们见很多没有玩具玩儿的偏远山区的小朋友，到时候小山会拿出我们和这些小朋友一起玩儿，最后小山还会把我们送给他们。"

小山："不……这些玩具我都特别喜欢，我不想让他们走。"小山着急得快哭出来了。

爸爸："别急，明天我们就带着几个玩具小使者去，送不送玩具到时候你自己决定。"

第二天，小山跟着爸爸去了义工联谊会会场。

联谊会上，小山看到很多小朋友都拿着自己心爱的玩具，在父母的陪伴下翘首期待着什么。终于一批山区小朋友进入他们的视野，他们朴素、单纯，眼中也同样充满了期待。

主办人员一番热情洋溢的讲话之后，城里的小朋友们便涌向山区贫困小朋友，与他们交流、玩耍，并送上了很多自己喜欢的书和玩具。这种热烈的场面很快感染了小山，他一点点地也往跟前凑。最终认识了一个贫困山区的小男孩儿，他很阳光也很会玩儿，于是两个小男孩儿在一起拿着玩具快乐地玩儿起来，一边玩儿还一边发明了很多新的玩法。

时间一分一秒地过去，联谊会马上就要结束了，山区的小朋友要回家了，而在这时候听到好朋友要走了，小山一时没坚持住，“哇”的一下哭了起来，他握着山区小伙伴的手说：“你别走了，你走了还会记得我吗？”山区小朋友也很难过：“你放心吧，我会好好学习的，等我考到北京来，我们就能天天在一起玩儿了。”听到这话，小山心里才慢慢平静下来，他把自己带来的心爱玩具全部都送给了这个山区小兄弟，并嘱咐他一定要记得自己。静静站在一旁的爸爸看在眼里喜在心里。

之后小山和山区的小兄弟有了联系方式，两个人经常通信，不会写的字就用汉语拼音代替，小山还定期将自己的零花钱拿出一部分来资助这位山区小朋友，每次去汇款都会边走边问爸爸：“爸爸有了这笔钱，我那个好朋友是不是就会很快考到北京上学了？”

后来小山很乐意跟着爸爸参加各种义工活动，因此也认识了很多朋友，他会和朋友们一起陪着卧床的病人阿姨聊天，给盲人小孩儿讲故事，帮孤寡老人打扫房间，时间一长，小山变得越来越有爱心，他说自己找到了很多志同道合的好朋友，每天都在努力做好事，那种感觉别提多开心了。

看了上面的例子，相信作为父母的你也一定有了引导孩子奉献爱心的好方法，其实孩子是很单纯的，很容易受到外界氛围的影响，给他一个良好的氛围，让付出爱心的喜悦围绕着他，他慢慢就会意识到原来这世界上有一种伟大的快乐叫做奉献，奉献是一件非常幸福美好的事情。

儿子，想要别人怎么对你，就去怎么对别人

“妈妈，今天小斌趁我不注意时推我，吓了我一跳。”

“他为什么吓唬你啊？”

“他说谁让我那天在他写作业的时候，一下子闪到他旁边吓唬他的。这么点小事他都报复，至于吗？”

……

看着这样的对话，或许为人父母的你觉得这无非是孩子之间打打闹闹，没两天就好了，不用太放在心上。可假如你多花些心思，用心观察就会发现，里面还是有一些道理需要我们给孩子讲清楚的。

作为成年人我们明白，这个世界有很多事情是相对的，没有人有这个义务无私地为你付出而不求任何回报。真正的友谊是存续在彼此的付出、关照上的。所以作为一个人，假如你想拥有更多关心你帮助你的朋友，就必须明白一个道理：如果你想让别人怎么对待你，就首先去怎样对待别人。

试想一下假如一个人心里只有自己，不去与别人分享，那别人凭什么要把自己得到的分享给你？如果一个人明明能递上援助之手却对他人的困难视而不见，别人在你出现困难的时候凭什么就要帮助你？任何交情都是建立在彼此支

持互相帮助的基础上的，作为父母我们应该告诉孩子，不要一味地去要求别人怎么做，而是要先用心地观察自己，看看自己做的每一件事情是不是存在问题？是不是给对方带来了伤害？是不是应该在未来加以改进？如果一切都没问题，那再总结经验，看看自己是不是对对方付出得还不够，以至于他没有感受到自己的真诚。

人总是在这样不断观察自我、完善自我中进步的。我们应该知道，世界是一个彼此互动的大环境，想要与别人在这样的环境中和谐共存，建立友谊，首先最重要的一点就是要学会相互关心、相互照顾，为彼此创造幸福和价值，一起快乐地行走好这条友谊之路。

想到这里，忽然想起了一则寓言故事：

有一个男孩儿在梦中遇见了上帝，他很想让上帝带他到天堂和地狱旅游一番，于是上帝先带着男孩儿去了地狱，男孩儿看到桌子上摆着丰富的美食和酒水，可那些坐在桌边的人却一个个饿得面黄肌瘦，都像饿死鬼一样，每天非常痛苦。原来每个人手里都拿着一把一米长的勺子，尽管勺子里装满了食物，但怎么也放不到自己的嘴里。他们觉得既然自己吃不到，别人也别想得到，所以所有人都这么坐着，直到体力不支地被饿死。

这个男孩又来到了天堂。天堂里的人吃的食物跟地狱没什么区别，不同的是每个人拿着长的勺子不断地把美食和酒水递给彼此，那种氛围就感觉在享受一个隆重的年度聚会。每一个人都红光满面、精神焕发。

男孩儿问上帝怎么回事，上帝说："在地狱我告诉他们这些食物只能跟别人分享，却到不了自己嘴里，所以他们为此而忧郁痛苦，在天堂我告诉他们的话和地狱一样，但他们却彼此传递着快乐和食物，每天都生活得非常幸福。"

男孩儿听了这话，悟透了生命的真理，他感慨道："原来天堂般的人生境界就是人与人之间不断地为彼此付出。"

不可否认，这个世界有它现实的一面，但不管是怎样的灵魂都不会排斥别人对他付出的无私关怀和爱。不管在什么时候，用心地关爱别人，帮助别人的人总是能为自己赢得更多的友谊和尊重。让孩子从小养成关爱他人的好习惯，把别人的事情当成自己的事情去做，努力学会换位思考，站在别人的角度看待问题，就可以给予对方最真挚的包容和理解。这是一个人获得美好生活的金钥匙，只要我们能够意识到它，及时转变自己的思想，就能打开那道幸福的大门。而这恰恰就是我们这些为人父母的成年人最应该传递给孩子的人生哲理，它将成为一笔无形的财富，陪伴孩子不断成长，影响他们未来的人生。而那种从彼此付出中得到的幸福感必将陪伴他们很远，很远。

培养爱心，从关爱每一个弱小的生命开始

一次去公园游玩儿，宜人的风光让人顿时心情舒畅。坐在长凳上，忽然看到附近有几个男孩儿在鼓捣着什么，一边弄一边发出诡异的笑声。过去一看原来几个男孩儿抓住了几只螳螂，正在那里摆弄着这些小昆虫。仔细端详那些螳螂，其中有几只已经快要当妈妈了，肚子大大的，惊恐地竖起自己的“两把大刀”，不知道该怎么逃脱。

其中一个男孩儿用小棍儿戳螳螂的肚子，用力很大，螳螂的肚子很快被戳了一个坑，另一个男孩拖着螳螂的两个臂膀，硬生生地给揪了下来，嘴里还说着：“举啊，让你再举。”几番玩乐以后，小男孩儿把受伤的螳螂放在地上，用脚一踩，这几只可怜的小螳螂就成了肉饼。这一幕真让人触目惊心。几分钟的时间，还来不及告诫，几个生命就这样被他们玩乐着处理掉了。

回家以后，这一幕怎么也挥之不去，想着那螳螂的感觉，明明自己待得好好的，不知为什么就大祸临头，几个人你捅一下，他拉一把的，把身体分了家，之后还不给自己留全尸，还要踩。这不正像是电影里，一个孩子很想跑出敌人的埋伏，却被敌人围成一圈，有的踢，有的打，最后还对着他放了好几枪，那种凄惨的感觉，与今天眼中看到的螳螂又有什么区别？

现在很多父母都特别注意培养孩子的爱心，有的带孩子参加义工，有的在

家中养了小动物让孩子经常与它和谐相处，但很多时候孩子的举动还是差强人意。他们或许可以在家是个乖宝宝，也和家里的小动物相处和谐，但真到几个孩子玩儿到了兴头儿上，就忘记了其他小生命也是一条命。

曾经新闻里就爆出这样一则新闻，一位知名高校的高材生，知识文化水平都相当了得，竟然到动物园里拿硫酸喂狗熊，结果几只狗熊都因此出现了问题，有的还失去了生命。问及原因，对方不屑一顾地回答："只是想看看狗熊喝了硫酸以后的反应。"试想一下假如这样的人今后步入社会，会是什么样子？一个对生命不尊重的人，今后谁还会尊重你呢？这就是一个成长过程中的教育缺失，只知道自己生命的宝贵，却忘记了其他生灵也渴望活着。

所以作为家长，我们应该从小让孩子知道，生命是平等的，人也是自然界中普通的一员，不应该以自己的优越去残害其他的动物，相反我们应该爱惜它们，把它们看成是自己的朋友，和它们在这个世间友好相处。在这件事上，一个妈妈就做得相当智慧：

一天妈妈带小陆到公园玩儿，正当走到湖边的时候，他们看见一只小燕子飞着飞着不知怎么突然栽到了水里，浑身湿透的它扑扇着翅膀，好不容易扑腾到了岸边。小陆连忙上去，把小燕子捡了起来。旁边人看见了喜悦地说："嘿！这回有的玩儿了，回去找个笼子，训练它，让它天天陪着你玩儿吧。"听了这话小陆神情里也满是欣喜。

看到这情形，妈妈觉得不对劲，连忙把小陆叫了过来，她一边拿出纸巾和小陆一起帮小燕子擦身体，一边对小陆说："小陆，你知道燕子的生活习性吗？"

小陆："不知道。"

妈妈："燕子到了快天冷的时候就会飞往南方，要不然它们会被冻死。你是想让小燕子陪着你，然后冻死呢？还是希望它能自由自在，飞在天空中呢？"

小陆："我也不知道，就是觉得想跟它多待一会儿。"

妈妈："多待一会儿可以，我们把小燕子身上的水擦掉，然后把它托在手里，让太阳晾干它的翅膀，等它想飞的时候，就让它自由地飞，在这过程中你可以跟它说说话，告诉它不管是对于你还是它，这都应该是一段难忘的记忆。"

听了妈妈的话，小陆点了点头。于是他和妈妈擦干了小燕子身上的水，捧着小燕子在公园里走。边走边和小燕子聊天，不一会儿，小燕子扑扇了几下翅膀，然后腾空而起，飞上了蓝天。小陆跟着跑了几步，一边跑一边摇着双手喊道："小燕子再见，小燕子再见！"

看了上面的例子，对比前面螳螂的遭遇，这只小燕子是不是很幸运呢？其实男孩儿还小，内心是单纯的，只要我们做家长的能顺势引导，一个善念就可以影响他的一生。做人首先要做一个善良的人，培养爱心，首先就要从关爱身边的弱小生命入手。

与人为善，用真心感动他人

终于放学了，小杰一下子奔向在一旁等待的妈妈，高兴地说：“妈妈，我被选上学校足球队啦。”

妈妈：“是吗？那是件好事儿啊。”

小杰：“现在替补队员还有一个名额，小周想去，他让我教他练球。”

妈妈：“那你同意了吗？”

小杰：“勉强应付了一下，谁会帮他啊，踢得那么烂，我们班男生都不喜欢他。”

妈妈：“那你怎么能说话不算数呢？”

小杰：“到时候再说呗，你不知道，当时我一点头，他那兴奋的样子，真傻，傻到家了。”

这个生活片段或许对很多父母来说并不陌生，学校里发生的事儿，很多孩子都会有意无意地和父母念叨。面对小杰的做法，很多父母并没有提起足够的重视，更有少数家长，还会觉得自己的孩子很精明，走到社会上也不会吃亏。但这恰恰是他们未来的一个重大隐患，一个不愿付出真心与别人交流的人，是不会赢得众人拥护的。再者说，如果有一天我们为人父母掏出了自己一整颗心，却没有得到孩子对自己的一颗真心，会不会心中也很失落、伤感呢？一个细小的苗头，时间长了会出现各种各样的病变。假如孩子养成了不用真心对人的习惯，那势必会让接触到他的人很伤心，假如他一味地用这种方法自作聪明伤害别人，总有一天自己会在人生旅途中饱尝加倍的痛苦，这一定是一种必然现象。所以作为明智的父母，当我们听到、看到孩子正在用不当的方式处理着人与人之间的关系时，适时地介入和纠正一定是很有必要的。

现在很多男孩子说话办事都有些出格，根本就不懂得尊重别人，甚至会伤害他人，曾经一个老师就说到这样一件事：

一天，我的一个男学生哭着跑到办公室，说他再也不想上学了。我问他怎么了，他一边抹眼泪，一边说了这样一件事："早上起来阿凌把我叫到一边，说下午体育课所有男孩儿会集体玩儿捉迷藏，他们想让阿凌蒙住眼睛来摸，但是他最近身体不好，要我代替他，要不然大家就没法玩儿了。我看他可怜而且当时对我那么好就同意了。结果体育课上他们把我的眼睛紧紧地蒙了起来，转了我好多圈后，把我悄悄推到一个地方就跑开了，还告诉我他们藏好了会告诉我，没有人答应不能轻易地解开手帕。结果我等了好长时间，身边一点声音也没有，我也不知道自己在哪里。就这样，我傻傻地站了足足一堂课，等我着急地扒开手帕的时候，发现自己在黑黑的锅炉房旁边，四周一个人也没有。我害怕地一溜小跑跑回教室，一推开门，所有男同学都起来起哄，说我傻，说我笨，起哄最凶的就是阿凌。我心里难过极了，我是拿他当朋友的，他却这么对待我。现在所有男生都说我脑子有病，我以后怎么在班里待啊，我不想上学了。"

听了这个学生的遭遇，我马上找到了阿凌，并在班上严肃地批评了那些跟着起哄的男同学，并要求他们挨个儿向受伤的男孩子道歉。并教育他们："这个世界上，最难得的就是一颗真心，假如别人把真心给了你，一定要好好地珍惜，因为那意味着他们对你百分之百的信任，百分之百的友好。如果这个时候你伤害了它，很可能永远都无法再得到它。而且总有一天你会为自己所做的一切而后悔，并得到应有的惩罚。"

看了这个例子，作为父母，我们不妨站在两方面来思考问题，假如家中的男孩儿是那个不拿真心当回事儿的那一位，我们会怎样？假如家中男孩儿是被欺骗的那一个，我们又会怎样。不可否认，这个世界有它险恶的一面，但作为孩子，我们不应该让他们的内心充斥这么多复杂的东西。老师说得很好，这个世界上最宝贵的就是一颗真心，让孩子保存好内心的这份闪亮，让他们用最美好的心灵对待他人，让他们知道与人为善是多么重要。这是人与人之间一个“爱”字的最佳诠释。

大家都喜欢谦逊真诚的孩子

假如你翻开古代的一些名人家训，其字里行间最清晰的一个要求，就是希望自己的后世子孙能够谦逊有礼。这么做的好处有很多，不但可以广结善缘，最主要的一点是修行自我，这个世界上喜欢站在优越顶峰的人很多，你不争，却表现出谦逊真诚的一面，反而可以避免很多不必要的麻烦，这就是老祖宗的经验，也是作为父母早应该让孩子明白的道理。

现如今很多男孩子自小就很好强，心里特别希望能成为王者，成为英雄，再加上作为独生子女的优越感，面对其他的小朋友总是想让自己表现得与众不同，一副高高在上的样子。时间长了，我们就会发现，这样的男孩儿人缘会变得越来越差，不但小朋友不喜欢和他玩儿了，很多其他孩子的家长看到他，也会带着自己的孩子到别的地方玩儿，主要原因很简单，这样的孩子让人心里不舒服。

这个世界上人与人之间是平等的，尤其是孩子与孩子之间，明明是一场游戏，凭什么你去要求别人、命令别人呢？凭什么自己的孩子就可以按照心性行事，而换了别人就要遭受你的指责和批评呢？即便是成年人，我们也对那种爱给别人上课，爱对别人吆五喝六的人讨厌得不得了，假如看见自己的孩子还那么小，就被别的孩子支使来支使去，心里怎能不憋气呢？有时看见那些霸道的男孩儿，真的想去为自己的孩子撑腰，恨不得想过去问问他：“你妈妈就是这么教育你对待其他小朋友的吗？你现在有什么资格对别人家的孩子吆五喝六。

能玩儿就好好玩儿，不能玩儿我们找别人玩儿去。”

说到这儿，不知道有没有讲到爸爸妈妈的心里去。做父母的心愿其实很简单，就是能让自己家的男孩儿快乐成长，但成长的道路上肯定不仅仅只有他一个人，他需要交到很多年龄相仿的好朋友，一起交流他们感兴趣的话题。或许我们决定不了别人家孩子的行为，但我们绝对可以引导好自己家的儿子。从小教会他们谦逊的重要，让他们感悟到真诚待人的可贵，必然会对他们今后的人生大有帮助。好缘分是要通过真诚的心才能留住的，再冰冷的心也有感知真诚的能力，再高傲的人也不会拒绝谦逊的朋友。我们只要教会孩子谦逊和真诚，在他的人生旅程中就不会因为缺少朋友缺少帮助而烦恼。

我们应该让孩子明白，那种高高在上无视一切的人是可悲的，真正能从生活中找到快乐的人，都很谦和。即便一件事情自己已经做得很好，却丝毫不骄傲，因为自己知道这个世界上总有一些人做得比自己还出色，而他们仍然很谦卑。我们应该让孩子知道，真诚是打开对方心门的金钥匙，不管对方如何作为，自己秉持的都应该是一颗真诚的心，只要问心无愧，就会内心坦荡。人生的道路上，老天爷会用各种方式测试你，而不管是什么人都蒙骗不了他的眼睛。谦虚真诚的内心，可以让孩子对自己所做的事情更加专注，帮助他们摒弃内心不良的欲望，让他们的情绪淡定平和，让他们做起事来恰如其分、广结良缘。

没错，谦逊真诚是一种心志的磨练，在这种磨练中，孩子会一点点地磨平高傲的棱角，用平和的心态迎接人生的每一天。我们应该告诉孩子，永远让别人觉得比自己优越，是一种有智慧的表现。永远让别人体会到自己的真诚，是一笔最宝贵的财富。永远让别人与自己相处舒服，是一种本应尽到的本分。不去高高在上，不去做什么霸王，英雄也可以很谦卑，而作为男孩儿，这一切都应该让他越早知道越好。

注意，别打消了孩子助人为乐的热心

现在很多孩子都活在父母无微不至的保护之下，走个路怕摔着，吃个饭怕噎着，以至于现在的孩子意识中觉得自己越来越金贵，慢慢地失去了很多本应具有的天性。

就拿助人为乐这件事来说吧。当年自己小时候，就被教育要助人为乐，所以经常是没有好事做，自己找好事。只要能给对方带来快乐，那种心啊，不知道多敞亮。而假若这个时候自己的行为传到老师和父母耳朵里，必然会得到很大的鼓励和嘉奖。

可现在的孩子呢？当你向他发出一起做件好事的邀请，他们会说："妈妈说让我回家。""我不去，我妈妈说不让我管那么多闲事。"听了这些话，心很快就凉了一半。这让人突然意识到势头的不对，要知道孩子对事情的判断力是很懵懂的，假如父母长时间地给他们传达这样的不良信息，等到他融入其他孩子的群体时，就会互相影响，最终趋势不断扩大，受到这种思想牵绊的很可能是我们整个下一代的思想健康。

曾经就有一个妈妈遇到了这样一件事，在微博上感慨良多：

那一天带着儿子到公园玩儿，突然看到一个孩子被一个小坑绊倒了，眼泪稀里哗啦地流，儿子看到了，便跑到小坑前去看，只见他回过头对我说："妈妈，不知道谁挖的坑，多危险啊，估计很多小朋友都在这里摔了跤呢。"

于是我想了想对他说："要不咱们想办法把这个坑填上吧，这样小朋友们就不会再摔跤了。"

"嗯，好的。"于是儿子开始四处去找土来填坑。

这样的举动引起了身边几个男孩儿的注意，其中一个男孩儿问道："你在干什么呢？"

"我在填坑，这样走到这里的人就不会摔倒了。"

"是吗？要我帮助你吗？"

"好啊！"

于是那个小男孩准备过来帮忙。而其他几个男孩也跃跃欲试。

正当两个男孩儿准备团结协作的时候，突然背后出现了一个成年人的声音："强强，多脏啊，那是尿，不要碰，臭臭的。"回头一看是一起帮助儿子的男孩儿的妈妈。

听了这话，那男孩儿把小手缩了回去，被他妈妈领着带走了。

而其他的那几个孩子，面对这样的局面也不再往上凑，有的也听到不远处父母的呼声，很快离开了现场。

那时候我就想，现在的父母都怎么了，孩子明明是想做好事，手脏了，可以再洗干净，但是孩子的一颗热心被父母浇了冷水，以后再不会这么做了。

那天，我鼓励儿子继续把坑填完，并告诉他，不管别人怎么做，怎么说，都不要失去这颗帮助别人的热心，因为帮助别人就是在帮助自己。

孩子良好的品质是需要我们在细节上一点一点地培养。不管遇到什么事情，作为家长，不要以自己的观念和想法左右了孩子。如果孩子真的是出于热心想帮助别人，作为父母我们怎么可以在这个时候因为自己的错误观念而阻止这么好的心念延续？

由此看来，孩子们的很多想法都会受到父母的影响。所以我们要时刻反思自己对待事物的认识是否存在问题，会不会误导孩子。毕竟爸爸妈妈才是孩子生命中的第一位老师，一个错误的引导，很可能会就此影响他们的一生啊！